ÉMILE AUGIER

DE L'ACADÉMIE FRANÇAISE

# LA CONTAGION

COMÉDIE

PARIS

MICHEL LÉVY FRÈRES, LIBRAIRES ÉDITEURS

RUE VIVIENNE, 2 BIS, ET BOULEVARD DES ITALIENS, 15

A LA LIBRAIRIE NOUVELLE

M DCCC LXVI

# LA CONTAGION

ÉTUDE DE MŒURS PARISIENNES

Représentée pour la première fois, à Paris, sur le Théâtre impérial de l'Odéon, le 17 mars 1866

ŒUVRES COMPLÈTES

# D'ÉMILE AUGIER

Format grand in-18

L'Aventurière, comédie en quatre actes, en vers.

Un Beau Mariage, comédie en cinq actes, en prose.

Ceinture dorée, comédie en trois actes, en prose.

La Chasse au roman, comédie en trois actes, en prose.

La Ciguë, comédie en deux actes, en vers.

Diane, drame en cinq actes, en vers.

Les Effrontés, comédie en cinq actes, en prose.

Le Fils de Giboyer, comédie en cinq actes, en prose.

Gabrielle, comédie en cinq actes, en vers.

Le Gendre de M. Poirier, comédie en quatre actes, en prose.

L'Habit vert, proverbe en un acte, en prose.

L'Homme de rien, comédie en trois actes, en vers.

La Jeunesse, comédie en cinq actes, en vers.

Les Lionnes pauvres, comédie en cinq actes, en prose.

Maître Guérin, comédie en cinq actes, en prose.

Le Mariage d'Olympe, comédie en trois actes, en prose.

Les Méprises de l'Amour, comédie en cinq actes, en vers.

Philiberte, comédie en trois actes, en vers.

La Pierre de touche, comédie en cinq actes, en prose.

Sapho, opéra en trois actes.

Poésies complètes, un volume.

Paris. — J. Claye, imprimeur, rue Saint-Benoit, 7.

LA

# CONTAGION

COMÉDIE

EN CINQ ACTES, EN PROSE

PAR

ÉMILE AUGIER

DE L'ACADÉMIE FRANÇAISE

PARIS
MICHEL LÉVY FRÈRES, LIBRAIRES ÉDITEURS
RUE VIVIENNE, 2 BIS, ET BOULEVARD DES ITALIENS, 15
A LA LIBRAIRIE NOUVELLE

1866

## PERSONNAGES

| | |
|---|---|
| ANDRÉ LAGARDE | MM. Got. |
| LE BARON RAOUL D'ESTRIGAUD | Berton. |
| TENANCIER DE CHELLEBOIS | Brindeau. |
| LUCIEN DE CHELLEBOIS | Porel. |
| CANTENAC | Thiron. |
| LA MARQUISE ANNETTE GALÉOTTI | Mmes Thuillier. |
| NAVARETTE | Doche. |
| ALINE | L. Gérard. |
| VALENTINE DE REUILLY | Petit. |
| AURÉLIE BRIAT | Damain. |
| QUENTIN | MM. Clerh. |
| WILLIAM | Roger. |
| GERMAIN | Étienne. |
| Un Domestique | Grillot. |

La scène se passe à Paris, de nos jours.

---

*N. B.* L'auteur interdit formellement la représentation de la Contagion sur les théâtres des départements, avant le 1er janvier 1867.

# LA CONTAGION

## ACTE PREMIER.

La bibliothèque de Tenancier. — Porte au fond, portes latérales. — Cheminée à gauche, au premier plan, devant laquelle est placé un bureau.

### SCÈNE PREMIÈRE.

TENANCIER, en robe de chambre, assis à son bureau, dans une bergère. Il achève d'écrire et cachète des papiers.

Allons! me voilà encore une fois en règle. Tous les ans, à pareille époque, les folies de monsieur mon fils m'obligent à retoucher mon testament, et ce n'est pas une occupation réjouissante à mon âge. (Ouvrant le tiroir de son bureau.) Serrons cela, et n'y pensons plus. (Tout en rangeant des papiers.) Quand l'heure viendra, je suis prêt, n'ayant fait de mal à personne... (Prenant dans le tiroir un paquet de lettres attachées par un ruban noir.) A personne?... Pauvre femme! — Il faut pourtant me décider à brûler ces lettres; je ne veux pas qu'après moi elles tombent entre des mains indifférentes. Dernier et douloureux sacrifice que je fais à son honneur! dernière et cruelle séparation!... (Il retourne la bergère vers la cheminée, sans se lever, dénoue le ruban, ouvre une lettre et la lit des yeux.) Chère créature adorée! (Après un silence.) Ah! brûlons sans lire, si je veux avoir le courage de brûler... (Il jette la lettre au feu et la regarde se consumer.) Voilà le commencement de ma cendre.

LUCIEN, frappant à la porte du fond.

Tu es enfermé?

TENANCIER, à part.

Mon fils!... (Haut.) Un moment! (Il se lève, fait sonner un timbre, rassemble précipitamment les lettres et les remet dans le tiroir qu'il ferme à clef. — A Germain qui entre.) Ouvrez la porte à M. Lucien, priez-le de m'attendre, et venez m'habiller. (Il sort par la porte de gauche. Germain ouvre la porte du fond.)

## SCÈNE II.

LUCIEN, ANNETTE, GERMAIN.

LUCIEN.

Tiens! mon père n'est plus là?

GERMAIN.

Monsieur est allé s'habiller et vous prie de l'attendre un instant. (Il sort par la gauche.)

LUCIEN.

S'habiller, tu l'entends, petite sœur! Va donc chercher tes enfants.

ANNETTE.

Pourquoi faire?

LUCIEN.

Comme renfort, parbleu! L'affaire sera chaude. Quand papa s'habille pour me gronder, il faut m'attendre au plus grand style; c'est le Buffon de la mercuriale. J'espérais le surprendre en robe de chambre; mais il a vu le coup. (Il s'assied devant la cheminée sur la bergère où était assis son père.)

ANNETTE.

Si j'ai un conseil à te donner, c'est de n'opposer à ses remontrances qu'un silence respectueux.

LUCIEN.

Sois tranquille, je te passe parole. Tâche de détourner un peu sur toi le cours de son indignation.

ANNETTE, s'appuyant sur le dossier de la bergère.

Je ne suis pas montée pour autre chose.

LUCIEN.

Baisez ce frère ! (Il lui tend son front qu'elle embrasse.) Tiens ! je ne te connaissais pas ce bracelet.

ANNETTE.

C'est ton ami d'Estrigaud qui me l'a envoyé.

LUCIEN.

Eh bien ! il ne se gêne pas !

ANNETTE.

Ce sont des médailles romaines... objet d'art.

LUCIEN.

C'est vrai, cela peut s'offrir, et s'accepter. — Brrr ! Il faudra que je fasse cadeau à papa d'une voie de bois. Il fait des feux de pauvre.

ANNETTE.

Frileux !

LUCIEN.

Tu en parles à ton aise, toi ! Tu sors de ton appartement bien chaud... un étage à monter... moi, je viens de chez moi, à travers les frimas.

ANNETTE.

De chez toi? si matin !

LUCIEN.

Est-ce assez correct, hein? — Il faut dire qu'hier on m'avait intenté une scène à trente-six carats.

ANNETTE.

Qui cela, On?

LUCIEN.

Une personne qui m'est... horriblement chère.

ANNETTE.

Je m'en doute bien. Comment s'appelle-t-elle pour le moment?

LUCIEN.

Curieuse!

ANNETTE.

As-tu peur de la compromettre?

LUCIEN, *imitant la voix de son père.*

Non, madame, mais un frère ne doit pas initier sa sœur aux mystères de nos Phrynés modernes.

ANNETTE.

Voyons, papa; je ne suis plus une ingénue.

LUCIEN, *même jeu.*

Il n'importe. L'oreille d'une honnête femme doit ressembler à son corps; après la pureté, la chasteté. Du moins était-ce ainsi de mon temps.

ANNETTE.

Tu m'ennuies. Tu te fais trop prier.

LUCIEN.

Aurélie Briat, vingt-deux ans, taille d'un mètre cinquante, signes particuliers...

ANNETTE.

Assez! assez!

LUCIEN.

Tu vois! — Va, ma pauvre amie, tu as beau vouloir mettre ton bonnet sur l'oreille, il te retombera toujours sur les yeux.

ANNETTE.

Signe particulier?

LUCIEN.

Un grain... de jalousie.

ANNETTE.

Elle t'aime donc?

LUCIEN.

Ta surprise m'honore; mettons, si tu veux, que sa jalousie soit une petite flatterie dont elle me régale par-dessus le marché; cela n'a rien qui me choque... seulement, hier elle m'a trop flatté; j'ai vu le moment où elle me cassait l'encensoir sur le nez...

ANNETTE.

Est-ce qu'elle te bat?

LUCIEN.

Je le lui ai formellement défendu.

ANNETTE.

Par où cette fille-là peut-elle te plaire?

LUCIEN.

Par un point capital : c'est un sauvageon, et ils deviennent de plus en plus rares. Si tu voyais les autres, on dirait des élèves de Saint-Denis. — Alors, autant se marier tout de suite, n'est-il pas vrai?

ANNETTE.

Comment! le bon ton fait de tels ravages dans ce monde-là?

LUCIEN.

Mais oui. Tandis que les femmes comme il faut s'évertuent à avoir l'air de biches, les biches s'évertuent à avoir l'air de femmes comme il faut; c'est un chassé croisé avec égal succès de part et d'autre. Tiens, par exemple, Navarette à la ville...

ANNETTE.

Navarette elle-même?

LUCIEN.

Oui, cette même Navarette qui est si fantaisiste sur les planches, à la ville elle a toutes les manières de l'ancienne cour.

ANNETTE.

M. d'Estrigaud l'a dressée.

LUCIEN.

Comme pour lui. Quand ce gaillard-là se mêle de l'éducation d'une femme, je te réponds qu'il y paraît. Il n'y a qu'Aurélie qu'il n'ait pas pu styler: réfractaire aux belles manières, celle-là!

ANNETTE.

Il a été aussi l'amant de M^lle^ Aurélie?

LUCIEN.

De qui n'a-t-il pas été l'amant, le bandit?

ANNETTE.

Ah!

LUCIEN.

Et il faut le voir, ma chère, avec ses anciennes amours! admirable! paternel et magnifique! il a toujours à leur service un bon conseil et un billet de mille francs... sans intérêts. Aussi, elles l'adorent toutes, et il les fait marcher au doigt et à l'œil... ah! c'est un homme fort!

ANNETTE.

Très-fort.

LUCIEN.

Une lame d'acier dans un fourreau de velours ! Quel dommage qu'il ne soit pas né quarante ans plus tôt ! quel homme de guerre c'eût été ! Toutes les qualités du grand général ! une promptitude de coup d'œil, une soudaineté de décision !... (Il se rassied dans la bergère.)

ANNETTE.

Oui, oui, c'est convenu... Raconte-moi plutôt ta scène avec Mademoiselle... comment dis-tu ?

LUCIEN.

Aurélie. — A peine nous sortions... de la première représentation des *Argonautes*...

ANNETTE, derrière lui, debout, appuyée sur le dossier du fauteuil.

A propos, la pièce a-t-elle réussi ?

LUCIEN.

Oh ! succès énorme ! jamais on n'avait tant ri aux *Cascades dramatiques !* Ça aura deux cents représentations, comme les *Œufs de Léda* ; pour ma part, je compte y retourner une quinzaine de fois.

ANNETTE.

Et Navarette ?

LUCIEN.

Étourdissante ! Il y a une chanson qu'elle enlève avec une verve, tu verras... Ça s'appelle *le Fils du Gorille*... ça fera fureur dans les salons. (Il se lève.)

ANNETTE.

Tu perds une lettre.

LUCIEN, prenant une lettre sur la bergère et la gardant machinalement à la main.

Et quel argot, sous prétexte que la parole est aux Argonautes !

ANNETTE.

Le calembour est dans la pièce ?

LUCIEN.

Et bien d'autres ! un feu roulant ! Il y a la scène où Médée endort le dragon, vois-tu, c'est un chef-d'œuvre ! Naturellement elle l'endort avec du champagne, dans un cabinet particulier. C'est Lardier qui fait le dragon. Il a un *mon casque me gêne* à se tordre, et quand on lui apporte l'addition !... Il a une façon de la lire, comme ça... (Il ouvre la lettre pour imiter l'acteur.) Tiens... qu'est-ce que c'est que ça ?

ANNETTE.

C'est une lettre à toi.

LUCIEN, lisant.

« Oui, ami, je vous aime... » Ce n'est pas à moi... moi, on m'écrit : « Mon bébé, envoie-moi quinze louis. »

ANNETTE.

Alors, d'où cela peut-il venir ?

LUCIEN.

Dame ! c'était sur le fauteuil de papa, et puisque ça n'y est pas tombé de ma poche...

ANNETTE.

Tu crois que c'est de la sienne ?

LUCIEN.

Oh ! non ! la poche est la boîte aux lettres courantes ; or celle-ci est jaunie par le temps, elle a le parfum mélancolique des feuilles sèches ; elle se sera détachée d'un herbier du cœur, que papa était en train de compulser à huis clos, et qu'il aura serré précipitamment à notre arrivée.

ANNETTE.

Comment, papa lui-même?... je serais bien curieuse...

LUCIEN, l'arrêtant.

Curieuse de quoi, madame? Jetons le manteau du respect filial sur les égarements du patriarche... et remettons ce document où nous l'avons trouvé.

ANNETTE.

Pour qu'un domestique l'y trouve à son tour, n'est-ce pas?

LUCIEN.

C'est juste... Je ne peux pourtant pas le mettre dans la main de papa, au beau milieu de la harangue qu'il me prépare. Un fils dénaturé n'y manquerait pas; mais moi, bon Japhet à Noé. Et alors, si je ne peux ni lui rendre cette lettre, ni la laisser traîner, qu'en faire?

ANNETTE.

Brûle-la.

LUCIEN.

Et si papa y tient? Je ne veux pas non plus lui dépareiller sa collection. Non! je trouverai moyen de la couler dans sa poche par une pieuse prestidigitation.

ANNETTE.

Et il dit que le respect s'en va!

LUCIEN.

L'ingrat! Le voici... défends-moi.

## SCÈNE III.

Les Mêmes, TENANCIER, en redingote.

TENANCIER.

Bonjour, Annette. Je ne te savais pas là. Tu n'es pas de trop; asseyons-nous! (Il s'assied devant son bureau, Lucien sur une chaise en face de lui, Annette reste debout.) Mon cher Lucien, je suis très-mécontent de toi.

ANNETTE.

Je demande la parole. Avant de gronder mon frère, laisse-moi développer une idée que j'ai. La cérémonie du payement des dettes nécessite, une fois l'an, entre toi et ce garçon que tu adores, une froideur de deux ou trois jours, aussi désagréable pour l'un que pour l'autre... et, tiens, vous vous regardez déjà comme deux parents de faïence ! Supprimons cette solennité désobligeante. J'ai une combinaison financière qui te dispensera de payer ses dettes. Il est maintenant acquis que ses revenus personnels sont de vingt mille francs au-dessous de ses besoins ; fais-lui une pension de vingt mille francs, une fois pour toutes, et embrassons-nous.

TENANCIER.

Ses dettes sont le moindre de mes griefs. Elles représentent à peu près le montant de mes économies annuelles ; puisqu'elles tombent dans la poche de ses créanciers, au lieu de grossir le capital partageable après moi, je t'avantage d'une somme égale dans ma succession : il n'en est que cela.

ANNETTE.

C'est beaucoup trop !... mes enfants et moi nous sommes assez riches d'autre part...

TENANCIER.

Ce n'est pas la question. Ton frère a une allure générale qui ne me convient pas, et je veux le prier d'en changer.

LUCIEN, très soumis.

Je ne demande pas mieux. Qu'y trouves-tu à reprendre?

TENANCIER.

Et d'abord, je m'appelle Tenancier et tu t'appelles de Chellebois.

ANNETTE.

Pardon, père, tu t'appelles Tenancier de Chellebois... mon frère n'a fait que supprimer la moitié de ton nom.

TENANCIER.

Oui, la moitié qui implique roture. Cette suppression est une usurpation, mon fils.

ANNETTE.

Eh! mon Dieu! mon mariage a lancé Lucien dans un monde où cette usurpation est très-bien portée, je t'assure; et moi-même, je ne suis pas fâchée que le nom de mon frère ne crie pas sur les toits que le marquis Galéotti s'était mésallié en m'épousant. D'ailleurs, Lucien ne se donne pas pour gentilhomme; il n'a que la prétention d'être ce qu'il est en effet, un gentleman.

TENANCIER, sèchement.

Je ne sais pas l'anglais.

ANNETTE, souriant.

C'est-à-dire un moyen terme entre le bourgeois et le noble, tenant de l'un par la naissance, de l'autre par l'élégance, la fortune, les relations...

TENANCIER.

Et l'oisiveté! Les petits-fils des hommes de 89 travestissent leurs noms et se consacrent à l'inutilité! Prenez garde, messieurs! nous vivons dans un temps où la stérilité est une abdication. Au-dessous de vous, dans l'ombre et sans bruit, se prépare un nouveau tiers état qui vous remplacera par la force des choses, comme vos grands-pères ont remplacé la caste dont vous reprenez les errements, et ce sera justice! (A Annette.) Eh bien, je ne veux pas que ton frère fasse plus longtemps partie de cette mascarade aristocratique; je ne l'ai pas élevé pour cela.

ANNETTE.

Mais quelle profession veux-tu qu'il embrasse... puisque cela s'appelle embrasser?

TENANCIER.

Il n'aurait que l'embarras du choix, ayant passé par l'École polytechnique...

ANNETTE.

Justement; il a fait ses preuves, et tu sais que, quand on a fait ses preuves, on a le droit de refuser toutes les affaires.

TENANCIER.

On n'a jamais le droit d'être inutile à son pays.

LUCIEN, étourdiment.

A la belle France!

TENANCIER.

La belle France, oui, ta patrie!... — Ah! ce vieux mot te fait sourire... Laisse ces petites ironies à ton ami d'Estrigaud.

LUCIEN.

Si tu prends toutes les blagues au sérieux!...

TENANCIER.

Je t'ai déjà prié souvent de me parler français.

LUCIEN, se levant.

Eh bien, blague est un mot français. S'il n'est pas encore au dictionnaire de l'Académie, il y sera, parce qu'il n'a pas d'équivalent dans la langue. Il exprime un genre de plaisanterie tout moderne, en réaction contre les banalités emphatiques dont nous ont saturés nos devanciers.

TENANCIER.

Banalités emphatiques?

LUCIEN.

Oui, ils ont tant usé et abusé des grands mots qu'ils nous en ont dégoûtés.

TENANCIER, *se levant.*

Tant pis, monsieur, tant pis pour vous! Les grands mots représentent les grands sentiments, et du dégoût des uns on glisse facilement au dégoût des autres. Ce que vous bafouez le plus volontiers après la vertu, c'est l'enthousiasme, ou simplement une conviction quelconque... non que vous fassiez profession de scepticisme, Dieu vous en garde! vous n'allez pas plus haut que l'indifférence, et tout ce qui dépasse vous semble un pédantisme. Ce détestable esprit a plus de part qu'on ne croit dans l'abaissement du niveau moral à notre époque. La dérision de tout ce qui élève l'âme, la blague, puisque c'est son nom, n'est une école à former ni honnêtes gens, ni bons citoyens.

LUCIEN.

Je t'assure que je n'ai dérobé personne, et que je fais monter régulièrement ma garde.

TENANCIER.

Malgré cette réponse gouailleuse, tu en es encore à valoir mieux que tes paroles, je l'espère; mais ton héros, ton modèle, M. d'Estrigaud, a commencé aussi par valoir mieux que les siennes...

LUCIEN.

Et il continue, papa, je t'en réponds. C'est un très-galant homme!

TENANCIER.

A qui je ne confierais ni mon pays, ni mon honneur, ni ma bourse.

ANNETTE.

Ni ta bourse ! oh ! papa, qui veut trop prouver...

LUCIEN.

Tu es le premier qui suspecte l'honorabilité de Raoul.

TENANCIER.

C'est encore un signe du temps que personne ne songe à suspecter l'honorabilité d'un homme qui sans patrimoine et sans profession, trouve moyen de dépenser 150,000 francs par an.

LUCIEN.

Sans profession? D'abord il est administrateur de quatre ou cinq grandes entreprises financières, il a là plus de huit cent mille francs de traitement.

TENANCIER.

Et pour le reste?

LUCIEN.

Pour le reste, il joue à la bourse.

TENANCIER.

Et il joue de manière à ne rester honnête qu'à la condition de toujours gagner. Le jour où il perdra, sais-tu avec quoi il soldera ses différences? Avec son honneur.

LUCIEN.

Ce jour-là, il se fera sauter, tous ses amis le savent : et ses créanciers se rembourseront rien qu'avec la vente de ses meubles et de ses objets d'art.

TENANCIER.

Pourquoi se ferait-il sauter, s'il laissait de quoi faire face à ses engagements?

LUCIEN.

Il a un mot énergique en réponse à ta question : il appelle son luxe sa dépouille mortelle. C'est un homme trempé, va ! Il dit souvent : La vie ne vaut pas qu'on l'accepte sans conditions ; tant qu'elle se laissera mener à grandes guides, j'y consens ; le jour où elle m'obligera à trottiner, bonsoir !

ANNETTE.

Et il est homme à le faire comme il le dit.

TENANCIER.

Vous croyez cela, vous autres ? Pour que vous vous laissiez prendre aux grands mots, il suffit donc qu'ils soient malhonnêtes ? C'est pitoyable. — Au surplus, que ce monsieur se tienne ou non parole, peu m'importe. Je ne veux pas que mon fils reste sur une pente au bout de laquelle on peut entrevoir la liquidation par le suicide. Tu as vingt-huit ans, c'est le bon âge pour se marier...

LUCIEN.

Oh ! père !

TENANCIER.

Le mariage est la rupture la plus naturelle avec la vie que tu mènes. Mon notaire et ami, M. Duperrou, me propose un parti très-convenable : jolie figure, bon caractère, 500,000 francs de dot...

LUCIEN.

J'ai bien le temps de penser à cela.

TENANCIER.

Mais moi, je me fais vieux, et j'ai hâte de revivre dans tes fils.

LUCIEN.

Si tu n'as pas assez de petits-enfants, fais convoler ma sœur ; c'est l'état des femmes...

ANNETTE.

Merci bien. J'ai satisfait à la loi du recrutement.

TENANCIER.

Tu es pourtant trop jeune pour rester veuve.

ANNETTE.

Et pour me remarier donc? — Non, j'ai une belle fortune, de beaux enfants, le meilleur des chaperons, qui est mon père... que m'apporterait le mariage? Rien! et il me prendrait ma liberté et mon titre de marquise. — Mauvaise affaire!...— Revenons à ce jeune garçon, qui n'a pas, lui, d'objection sérieuse.

LUCIEN.

Pardon, j'en ai une.

TENANCIER.

Laquelle?

LUCIEN, *se tournant vers sa sœur.*

Je ne me soucie pas d'avoir des gredins de fils qui m'apporteraient tous les ans vingt mille francs de dettes, et à qui je n'aurais pas le droit de faire de la morale pour mon argent. Me vois-tu leur disant: Sont-ce là, messieurs, les exemples que vous a donnés... votre grand-père? Votre grand-père était un homme sérieux, qui a édifié sa fortune par son travail; un homme vertueux, qui a le droit d'être sévère aux peccadilles de la jeunesse, parce qu'il ne les a pas connues, parce qu'il n'a jamais aimé que votre grand'-mère...

TENANCIER.

C'est bien, en voilà assez. On perd son temps à parler raison à un fou.

LUCIEN, *bas à sa sœur.*

Sésame, ferme-toi.

## SCÈNE IV.

LES MÊMES, GERMAIN, puis ANDRÉ et ALINE.

GERMAIN, du fond.

M. Lagarde demande si Monsieur peut le recevoir.

TENANCIER.

Quel Lagarde ?

GERMAIN.

Dame ! celui qui sortait chez nous quand il était à l'École polytechnique avec M. Lucien.

LUCIEN.

André ?

TENANCIER.

Faites entrer tout de suite.

LUCIEN.

Ah ! quelle joie de le revoir ! Te voilà donc, vieil ami... (Il s'avance vers André les bras ouverts, et s'arrête en voyant Aline.)

ANDRÉ.

C'est ma sœur... (A Tenancier en lui serrant la main.) Bonjour, cher monsieur.

TENANCIER, à Aline.

Vous voyez le meilleur ami de votre pauvre père, mon enfant.

ALINE.

Je le sais, monsieur. (Elle lui présente son front, il l'embrasse.)

ANNETTE.

Voulez-vous m'embrasser aussi, mademoiselle ?

TENANCIER, présentant Annette.

Ma fille.

ALINE.

Ah ! madame la marquise, mon frère m'a bien souvent parlé de vous.

ANNETTE.

Merci, monsieur André. (Elle lui tend la main.)

ANDRÉ, à Lucien.

Ah ! çà, tout le monde s'embrasse, excepté nous ; c'est injuste.

LUCIEN, avec emphase.

Dans mes bras, sur mon cœur ! (Ils s'embrassent et puis se regardent.)

ANDRÉ.

Tu es toujours le même, toi... toujours jeune !

LUCIEN.

Vingt-huit ans, pas d'infirmités !... Mais toi, mon pauvre ami, tu t'es furieusement bronzé, sans compliment.

ANDRÉ.

Dame ! j'étais déjà ton aîné à l'École, et depuis j'ai fait toutes les campagnes de la misère, qui comptent triple.

TENANCIER.

Tu as mené la vie dure, mon pauvre garçon ?

ANDRÉ.

Oui, mais j'ai été plus dur qu'elle, et aujourd'hui je peux me dorloter... relativement. Tel que vous me voyez, je vais être bourgeois de Paris. Je vais louer un logement pour ma sœur et moi, et nous aurons une bonne... en attendant le reste de nos gens.

LUCIEN.

Tu as donc gagné le lot de cent mille francs ?

ANDRÉ.

J'ai tout simplement une fortune dans les mains.

ANNETTE.

Contez-nous donc cela, monsieur André.

ANDRÉ, à Tenancier.

Ah ! vous avez eu une fameuse idée, quand vous m'avez conseillé d'entrer dans le génie civil, en sortant de l'École.

TENANCIER.

Il fallait te mettre le plus tôt possible en état d'aider ta mère. Ton éducation avait épuisé sa petite réserve ; il ne lui restait que sa pension de veuve de colonel d'artillerie... peu de chose !

ANDRÉ.

Au bout de deux ans, je gagnais ma vie. J'avais fait un rude apprentissage aussi ! J'avais vécu avec les ouvriers, travaillant comme eux dans les ateliers, pour bien connaître les métaux et l'outillage ; j'avais été chauffeur et mécanicien, dur ! pour bien connaître le combustible et la traction ; j'ai passé dix mois, jour ou nuit, la face au feu et le dos à la bise, très-dur ! Mais je savais mon métier à fond, et l'ingénieur en chef du chemin du midi de l'Espagne a pu m'employer à cinq mille francs par an. J'étais bien fier du premier argent que j'ai envoyé à ma mère... il a servi à l'ensevelir. Pauvre sainte femme !... pardon, monsieur.

TENANCIER.

Ne te contrains pas mon enfant, je l'ai pleurée aussi.

ANDRÉ.

Oui, vous la connaissiez !... La vertu sur la terre ! la loyauté, l'abnégation... Enfin, elle est morte. Je suis accouru... trop tard. Elle avait rejoint mon père... et nous voilà tous les deux... Pardon, je fais l'enfant... Alors, comme j'étais obligé de revenir en Espagne, je mis ma sœur en pension chez notre pasteur, qui avait cinq filles ; sa femme était grande amie de ma mère, en sorte qu'Aline se trouva dans une seconde famille, et je retournai à mon poste. J'avais déjà entrevu mon idée, qui est quelque chose comme la suppression de Gibraltar...

TENANCIER.

Supprimer Gibraltar?

ANDRÉ.

Soyez tranquille, je ne suis pas fou. Il ne s'agit pas de démanteler la forteresse; je n'ai pas assez de canons à ma disposition... Gibraltar est la clef de la Méditerranée; il s'agit d'ouvrir une autre porte en creusant un canal navigable de vingt-cinq lieues entre Cadix et Rio-Guadiario.

LUCIEN.

Rien que cela!

TENANCIER.

L'idée est plus belle que pratique.

ANDRÉ.

Erreur! L'affaire est magnifique au point de vue financier... mais ce serait trop long à vous expliquer... Qu'il vous suffise pour le moment de savoir que le gouvernement espagnol accorde une subvention de quatre millions.

TENANCIER.

Vraiment, l'affaire en est là?

ANDRÉ.

Parfaitement! j'ai ma concession en poche.

LUCIEN.

Comment t'y es-tu pris, vil intrigant?

ANDRÉ.

Oh! mon cher, une chance infernale! un accident sur notre chemin de fer... encore trop long à raconter! Bref...

LUCIEN.

La brièveté dans la narration n'est une qualité qu'à la condition de ne pas nuire à la clarté.

ALINE.

N'espérez pas de détails, l'affaire est trop à sa gloire. Il a sauvé un train, en passant comme un boulet à travers une charrette de moellons.

LUCIEN.

Diable! c'est crâne!

ANDRÉ.

Non, ce n'est que de la simple prudence : il n'y avait d'autre chance de salut que de pulvériser l'obstacle. Bref...

LUCIEN.

Tu étais donc sur la machine?

ANDRÉ.

Oui, pour faire honneur au maréchal Cardoga, que nous emmenions... et c'est là ma chance! Le maréchal m'invita à dîner, et je n'eus garde de manquer le coche. Il fut tout de suite très-féru de mon idée; il en parla au conseil des ministres..., etc., etc... Tout allait comme sur des roulettes, quand les Anglais sont venus se mettre en travers.

TENANCIER.

Je les reconnais.

ANDRÉ.

Ils ont dépêché à Madrid une espèce d'agent à moitié diplomatique, un certain sir James Lindsay. Je ne sais pas comment il a manœuvré, mais les capitaux espagnols sont peureux, et la compagnie du canal de Gibraltar, qui commençait à s'organiser, s'est tout à coup dérobée sous moi! Alors, le maréchal m'a conseillé de m'adresser aux capitalistes français; je suis parti pour Paris; en passant à Poitiers, j'ai pris ma sœur, que je peux dorénavant garder auprès de moi; nous sommes arrivés hier soir, et nous voilà!

LUCIEN.

Eh bien, mon cher, tu tombes bien. Je suis l'ami intime d'un homme qui va te mettre en rapport avec tous les gros bonnets de la finance.

TENANCIER.

Encore d'Estrigaud?

LUCIEN.

Toujours! partout! Mais s'il aide André à rogner les ongles au léopard britannique, ne lui marqueras-tu pas un bon point?

TENANCIER.

Deux! un pour André, un pour la France!

LUCIEN, à André.

Tu sauras que papa est toujours atteint d'anglophobie.

ANDRÉ.

Et moi aussi, parbleu!

LUCIEN.

Tiens! pourquoi?

ANDRÉ.

Mon père était à Waterloo.

LUCIEN.

Bah! *Gladiateur* nous a vengés... Si d'Estrigaud ne suffit pas, nous mettrons en jeu les puissances occultes.

ANDRÉ.

Les esprits?

LUCIEN.

Mieux que cela. Je connais un coulissier nommé Cantenac, qu'on soupçonne d'être le bras gauche de spéculateurs qui ont le bras droit fort long; et il est certain qu'il a un flair surnaturel. Le rôle mystérieux qu'on lui prête, à tort ou à raison, lui donne beaucoup d'influence à la Bourse, et une affaire patronnée par lui...

TENANCIER.

Tu as de jolies connaissances. J'aime encore mieux d'Estrigaud.

LUCIEN.

Nous commencerons par lui. Je te présenterai aujourd'hui même.

ANDRÉ.

Merci, c'est entendu. — Allons, petite fille, prenons congé.

TENANCIER.

Un moment, mon cher André. —Tu vas entrer dans une vie d'activité fiévreuse; la journée n'aura pas assez de douze heures pour toi; tu la passeras en courses, en démarches de toute espèce, prenant tes repas où et quand tu pourras, ne rentrant chez toi que pour dormir. Que fera ta sœur pendant ce temps-là?

ALINE.

Je l'attendrai. Soyez tranquille, je ne m'ennuierai pas; je ne m'ennuie jamais.

TENANCIER.

C'est possible; mais une jeune fille toujours seule avec une bonne, c'est à peine convenable.

ANDRÉ.

Je n'avais pas songé à cela, moi.

ALINE.

Oh! ne me renvoie pas à Poitiers! Tu m'as promis que je ne te quitterais plus.

TENANCIER.

Il y a un moyen de tout concilier. Prends, toi, une chambre à l'hôtel pendant le premier coup de feu de tes affaires; ta sœur viendra demeurer chez nous.

ALINE.

Oh ! monsieur, que vous êtes bon !

ANDRÉ.

Je suis très-touché, monsieur, de cette offre paternelle; mais les convenances dont vous parliez...

TENANCIER, bas à André.

Lucien ne demeure pas dans la maison.

ANNETTE.

Mademoiselle Aline habiterait dans mon appartement; trouvez-vous que je sois un chaperon suffisant ?

ANDRÉ.

Ah ! marquise, vous avez gardé le cœur de ma petite amie Annette ! Voyons, Aline, que te semble de cet arrangement ?

ALINE.

Oh ! moi, j'en serais bien contente... mais tu es le maître.

ANDRÉ, lui passant la main sur les cheveux.

Et un maître farouche, n'est-ce pas ? — Ma foi, monsieur, devant tant de cordialité, je serais un sot de faire de la discrétion. Vous nous traitez comme des parents, et vous avez raison : (Tendant la main à Lucien.) il y a des amitiés héréditaires, qui sont de véritables parentés.

LUCIEN.

Et des meilleures... mais ne nous amollissons pas. J'ai précisément rendez-vous avec d'Estrigaud ; accompagne-moi, nous allons emmancher ton affaire tout de suite.

ANDRÉ.

Volontiers... mais Aline ?

ANNETTE.

Nous la gardons.

TENANCIER.

Tu passeras par ton hôtel, et tu nous enverras ses bagages.

LUCIEN, à son père.

M'invites-tu à dîner ?

TENANCIER.

Ah ! méchant garçon, quand tu dînes chez moi, l'invité c'est moi.

LUCIEN.

Tu es gentil, quand tu ne me grondes pas !

TENANCIER.

Je ne te gronderai plus. C'est André qui te prêchera... d'exemple.

LUCIEN.

A charge de revanche.

TENANCIER.

Ah ! je te l'abandonne ! Il est à l'abri de la contagion, celui-là.

LUCIEN.

Je ne prétends pas le corrompre, mais seulement lui rendre son ancienne tournure d'homme civilisé... Car je ne te dissimulerai pas, mon bon, que tu as pris un peu l'air contre-maître. Y tiens-tu ?

ANDRÉ.

Pas le moins du monde.

LUCIEN.

Eh bien, il faudra t'en défaire à la première occasion avantageuse. En route, je suis attendu... A revoir, cousine.

ALINE, riant.

A revoir, cousin.

ANDRÉ.

Pardonnez, cher monsieur, à ma reconnaissance de ressembler à de l'ahurissement...

LUCIEN.

Bien rédigé, ami Chauvin... *All right.* (Ils sortent.)

## SCÈNE V.

TENANCIER, ANNETTE, ALINE.

ANNETTE.

Vous aimez beaucoup votre frère?

ALINE.

Oh! madame... Est-ce que vous n'aimez pas le vôtre?

ANNETTE.

Si fait.

ALINE.

Eh bien, j'aime le mien cent fois plus.

ANNETTE.

Qu'en savez-vous?

ALINE.

Il n'y a plus personne pour lui disputer ma tendresse, tandis que vous...

TENANCIER.

Et puis André vaut mieux que Lucien, n'est-ce pas?

ALINE.

Oh! je ne dis pas cela! La différence que je vois entre

eux, c'est qu'André se montre tel qu'il est, et que M. Lucien est timide.

TENANCIER.*

Lucien vous a paru timide?

ALINE.

Il m'a semblé qu'il se moquait de son émotion... n'est-ce pas de la timidité?

TENANCIER.

Et où avez-vous appris à apprécier ces nuances-là?

ALINE.

Avec des personnes qui ont le défaut contraire. J'étais à Poitiers dans une famille excellente, mais douée d'une sensibilité un peu fastueuse pour mon goût. Est-ce vraiment respecter son cœur que d'en faire parade à tout propos?

TENANCIER.

L'homme qui vous épousera ne sera pas à plaindre.

ALINE.

Moi non plus.

TENANCIER.

Vous le connaissez déjà?

ALINE.

Sans doute. Toutes les jeunes filles n'ont-elles pas un mari idéal? seulement elles en épousent un autre... tandis que moi, je coifferai plutôt sainte Catherine.

ANNETTE.

Et peut-on savoir de quoi se compose votre idéal?

ALINE.

De mon père, de mon frère... et d'un étranger.

TENANCIER.

Nous vous aiderons à le trouver.

ALINE.

Oh! je ne suis pas pressée.

GERMAIN, entrant.

Il y a en bas un commissionnaire avec des bagages. Où faut-il les mettre?

ANNETTE.

Chez moi. — Venez voir votre appartement, ma chère Aline... vous voulez bien que je ne vous appelle plus mademoiselle?

ALINE.

A condition que je continuerai à vous appeler madame.

ANNETTE.

A cause de mon grand âge, oui. Je sens que je vous aimerai de tout mon cœur.

TENANCIER.

Moi, c'est déjà fait.

FIN DU PREMIER ACTE.

# ACTE DEUXIÈME.

Un petit salon chez la marquise.

## SCÈNE PREMIÈRE.

TENANCIER, ALINE.

ALINE, entrant par la gauche.

Les enfants ne sont pas encore prêts.

TENANCIER, assis à droite.

Eh bien, attendons ces messieurs. En quoi les déguise-t-on aujourd'hui?

ALINE.

En Russes. Ils sont charmants avec leurs petites bottes.

TENANCIER.

Aujourd'hui en Russes, hier en Écossais, demain en Espagnols... je pense qu'au carnaval on les habillera en Français. De mon temps on ne faisait pas tant de frais pour les bambins, et ils ne s'en portaient que mieux.

ALINE.

Franchement, je ne vois pas quel tort un peu d'élégance peut faire à leur santé.

TENANCIER.

Soit; mais je n'aime pas qu'on élève des garçons comme des poupées. Où est ma fille?

ALINE.

Elle va venir. Elle est avec son tailleur.

TENANCIER.

Allons! je me ferai habiller par une couturière. — Que vous semble de nos mœurs parisiennes, ma chère Aline, depuis quinze jours que vous assistez à ces aberrations?

ALINE.

Mon Dieu, je n'attache pas assez d'importance à la mode pour m'insurger contre elle.

TENANCIER.

Alors pourquoi ne vous mettez-vous pas du blanc et du rouge?

ALINE.

Je ne saurais pas.

TENANCIER.

Et vous n'en avez pas besoin.

## SCÈNE II.

Les Mêmes, LUCIEN, en paletot, avec des patins dans sa poche de côté.

LUCIEN.

Bonjour, papa. Votre serviteur, cousine. Ma sœur est-elle prête?

ALINE.

A quoi?

TENANCIER.

A patiner, parbleu! regardez les patins de ce jeune homme.

LUCIEN.

Eh bien! quel mal y vois-tu? Il est plus dangereux de glisser... etc.

TENANCIER.

Pendant ce temps-là, Aline et moi nous menons ses enfants à la promenade.

LUCIEN.

Et tu serais bien fâché qu'elle ne te déléguât pas cette fonction maternelle.

TENANCIER.

Fâché! fâché!...

ALINE.

Mais oui, monsieur, très-fâché, et moi aussi.

LUCIEN.

Vous aimez donc bien les bébés, mademoiselle?

ALINE.

Sans doute, et quand j'en aurai, je serai bien trop égoïste pour les confier à leur grand-père.

LUCIEN.

Soyez bénie du citoyen de Genève et du patriarche de Ferney, ces nobles garnitures de cheminées!

ALINE, à Tenancier.

Pourquoi se moque-t-il de moi? Est-ce que c'est ridicule d'aimer les enfants? (A Lucien.) Je parie que vous les aimez.

LUCIEN.

Certainement... quand ils ont tiré à la conscription.

ALINE, à Tenancier.

Quel plaisir trouve-t-il à se faire plus mauvais qu'il n'est?

LUCIEN.

Voulez-vous que je me fasse meilleur?

TENANCIER.

Je vous assure qu'il ne vaut pas grand'chose.

ALINE.

Je finirai par le croire.

TENANCIER.

Et vous aurez raison. Voici à l'appui une petite anecdote toute fraîche, que vous garderez pour vous parce qu'elle le couvrirait de confusion. La scène se passe dans un grand bal chez monsieur... Trois-Étoiles. Quelques jeunes gens aimables se sont retirés du commerce des dames dans un arrière-salon où ils ont installé une table de baccarat, les uns assis, les autres debout. Monsieur mon fils joue debout ; il a la veine et met négligemment son gain dans son chapeau qu'il tient derrière son dos. Tout à coup il entend crier : Voleur ! Il se retourne et voit un petit jeune homme de dix-sept ans, blanc comme un linge, à qui un joueur venait de saisir le poignet au moment où il glissait la main dans le chapeau. Qu'auriez-vous fait à la place de Lucien?

LUCIEN.

Ajoute que le pauvre garçon jouait avec moi de compte à demi, et qu'il avait droit de puiser à la masse commune. Cette simple explication a suffi, et il n'y a eu là dedans de confusion que pour ce gros bêta de Saint-Julien, qui a fait ses excuses au petit Vaudrecourt.

ALINE.

Je ne vois pas en effet...

TENANCIER.

Écoutez la fin de l'histoire, et vous verrez que ce garnement ne se calomnie pas quand il dit du mal de lui-même. Figurez-vous que le petit jeune homme le volait bel et bien...

LUCIEN.

Mais pas du tout !

TENANCIER.

Qu'il n'y avait pas la moindre association entre eux...

LUCIEN.

Où prends-tu cela?

TENANCIER.

Et qu'une immense compassion a seule inspiré ce mensonge à l'homme sans entrailles que voici. — Je suis content de toi, mon ami; embrasse-moi.

LUCIEN.

Non! ce serait approuver l'écriture ci-dessus et je ne l'approuve pas; il n'y a pas un mot de vrai. Qui t'a pu conter cette bourde-là?

TENANCIER.

Quelqu'un de mal informé peut-être : le père du jeune homme. — Son fils lui avait fait sa confession le lendemain même en lui demandant, d'après ton conseil, la permission de s'engager; et le pauvre père, ne t'ayant trouvé ni chez toi ni chez moi pour te remercier, n'a pas pu retenir plus longtemps sa reconnaissance et l'a versée dans mon cœur.

LUCIEN.

Il avait droit de croire qu'elle y resterait.

TENANCIER.

Oui, mon cher enfant; mais la marque de haute confiance que je donne à notre Aline peut te montrer quel prix j'attache à son estime et combien il m'était pénible de te la voir perdre par tes fanfaronnades de perversité.

ALINE.

Oh! monsieur, je vous remercie.

LUCIEN.

Je ne vous ferai pas l'injure, mademoiselle, de vous recommander le secret le plus absolu. Vous voyez par le repentir de ce pauvre petit diable qu'il est digne de tout intérêt. — Quant à moi, je l'avoue, j'ai été purement sublime; mais que voulez-vous! j'aime à sauver, c'est mon tic; le laurier des oies du Capitole m'empêche de dormir.

ALINE.

Oh! maintenant vous pouvez vous dénigrer autant qu'il vous plaira, on ne vous croit plus.

LUCIEN.

Ce que c'est pourtant qu'un coup de magnanimité bien réussi!... On en est quitte pour la fin de ses jours.

## SCÈNE III.

LES MÊMES, ANNETTE, en robe de chambre un peu excentrique

ANNETTE.

Bonjour, père; les enfants t'attendent.

TENANCIER.

Comment donc es-tu habillée?

ANNETTE.

C'est une robe de chambre qu'on vient de m'apporter. Comment la trouves-tu, Lucien?

LUCIEN.

Elle a beaucoup de cachet... mais tu ne comptes pas patiner dans ce costume?

ANNETTE.

J'ai bien le temps d'en changer, il n'est qu'une heure. Ma chère Aline, vous aurez soin que les enfants ne prennent pas froid, n'est-ce pas? c'est à vous que je les confie. Papa a des idées par trop lacédémoniennes sur l'élève des bébés.

TENANCIER.

L'élève! sois tranquille, nous les ramènerons sains et saufs à leurs *bares*... l'élève! Venez-vous, Aline?

ALINE, à Annette.

J'en aurai bien soin. (Elle sort avec Tenancier par la gauche.)

## SCÈNE IV.

LUCIEN, ANNETTE.

LUCIEN.

C'est quelqu'un, cette petite fille-là.

ANNETTE.

Certainement. Elle est bien la sœur de son frère.

LUCIEN.

Avec la grâce en plus. Une nature fine et ferme à la fois, un esprit bien portant qui a la fraîcheur de la santé comme son visage; pas plus de maquillage à l'un qu'à l'autre...

Et toujours la nature
Embellit la beauté,

comme dirait papa. (Il s'étend sur le canapé.)

ANNETTE.

Elle est charmante, mais elle n'est pas pour toi, ni toi pour elle.

LUCIEN.

Qui songe à cela?

ANNETTE.

Hum! tu viens dîner bien souvent à la maison depuis qu'elle y est.

LUCIEN.

Elle me plaît, je n'en disconviens pas; nous nous faisons une petite guerre de taquineries affectueuses qui m'amuse. Mais tu penses bien qu'à mon âge je n'irai pas m'amouracher d'une fille honnête. Va t'habiller.

ANNETTE.

J'attends quelqu'un.

LUCIEN.

Alors je m'en vais.

ANNETTE.

Tu peux rester; je ne serai même pas fâchée que tu restes.

LUCIEN.

Qui est-ce donc ?

ANNETTE, à demi-voix.

Navarette.

LUCIEN.

Navarette ? Et que vient-elle faire ici ?

ANNETTE.

Elle vient me donner une leçon (A part) qui ne profitera pas à moi seule.

LUCIEN.

Une leçon ?

ANNETTE.

Eh bien, oui, elle vient me faire répéter mon rôle. Grand Dieu ! si papa savait que je joue la comédie.

LUCIEN.

Oh ! la comédie de société (Il se lève)... c'est de son temps.

ANNETTE.

Mais, de son temps, on ne jouait pas les *Argonautes* en société.

LUCIEN.

Et surtout, on ne prenait pas de leçon de Navarette. On n'avait peut-être pas tort.

ANNETTE.

Trouverais-tu que je mets trop mon bonnet sur l'oreille cette fois?

LUCIEN.

Mon Dieu, je sais bien que c'est admis. C'est égal, ça me produit un singulier effet de penser que tu vas parler à Navarette!

ANNETTE.

Vraiment, monsieur Prudhomme?

LUCIEN.

Bah! tu as raison! il faut faire comme les autres. Quel mal y a-t-il après tout?... C'est d'Estrigaud qui t'envoie Navarette?

ANNETTE.

Non pas! je crois qu'il ne se soucierait pas de me la présenter... tu sais qu'il me fait un brin de cour. Je lui ai tout simplement écrit à elle-même. Elle m'a répondu un petit mot charmant, et je l'attends d'un moment à l'autre.

LUCIEN.

Alors je me sauve.

ANNETTE.

Reste donc.

LUCIEN.

Impossible... je la tutoie.

ANNETTE.

Ce serait gênant pour moi, je l'avoue... Mais je veux aller au lac après la séance.

UN DOMESTIQUE.

Mademoiselle Navarette.

ANNETTE.

Faites entrer. (A Lucien.) Va m'attendre chez papa.

LUCIEN.

Tiens, oui, je lirai les *Débats!* (Il sort par la droite. Navarette entre par le fond.)

## SCÈNE V.

ANNETTE, NAVARETTE, en toilette de ville élégante et sévère.

ANNETTE, allant s'asseoir sur le canapé de gauche.

Que vous êtes bonne, mademoiselle, d'avoir bien voulu vous rendre à mon désir!

NAVARETTE.

Il est trop flatteur pour moi, madame la marquise.

ANNETTE, avec un entrain factice.

Asseyez-vous donc. Voulez-vous ôter votre chapeau? voulez-vous une cigarette?

NAVARETTE.

Merci, madame, je ne fume pas.

ANNETTE, allumant une cigarette.

C'est du tabac turc... vous permettez? — Que vous êtes donc charmante dans ce rôle de Médée!... Quelle désinvolture et en même temps quelle distinction!

NAVARETTE.

Vous y serez beaucoup plus charmante que moi, madame, si tant est que cette épithète puisse m'être appliquée. C'est, je crois, chez la duchesse de Somo-Sierra qu'on joue la pièce?

ANNETTE.

Oui, dans huit jours, et ce ne sera pas trop mal joué, si je parviens à être passable. C'est le vicomte de Bucy qui joue le dragon.

NAVARETTE.

Il doit y être très-amusant.

ANNETTE.

Quel bon toqué, n'est-ce pas?

NAVARETTE.

Il est très-original et même un peu braque.

ANNETTE.

Témoin l'abandon qu'il fait de sa jeune et charmante femme pour cette Valentine de Reuilly, qui n'est pas même jolie. Comprenez-vous cela?

NAVARETTE.

Oui, madame... mais je me garderai bien de vous l'expliquer. Ne dit-on pas d'ailleurs que la vicomtesse se console avec M. Gaston de Valdebras?

ANNETTE.

C'est un horrible cancan inventé par mademoiselle Angélina.

NAVARETTE.

Oh! Angélina n'est pas une personne inventive.

ANNETTE.

La preuve que Valdebras ne l'a pas quittée pour la vicomtesse, c'est qu'il épouse ces jours-ci mademoiselle de Sainte-Radegonde.

NAVARETTE.

La fille de l'ancien pair de France?

ANNETTE.

Précisément.

NAVARETTE.

Mais alors ce mariage n'est pas trop catholique. M. de Sainte-Radegonde a fort compromis jadis madame de Valdebras.

ANNETTE.

Vous le saviez? — Mais il y a si longtemps!

NAVARETTE.

N'importe, il y a là quelque chose de choquant. M. Gaston va devoir respect et affection à un homme qui a déshonoré son père.

ANNETTE.

Mais il n'en sait rien.

NAVARETTE.

Sa mère, qui le sait, ne devrait pas permettre ce mariage.

ANNETTE.

Elle est moins rigoriste que vous.

NAVARETTE.

Elle devrait l'être plus, vous en conviendrez. Mais nous voilà bien loin de Médée; nous faisons l'école buissonnière.

ANNETTE, se levant.

Et nous ne sommes pas là pour nous amuser. Revenons par le plus court; voici la brochure : je vais, si vous le voulez bien, vous réciter le rôle.

UN DOMESTIQUE, annonçant du fond.

M. le baron d'Estrigaud.

## SCÈNE VI.

ANNETTE, NAVARETTE, D'ESTRIGAUD.

D'ESTRIGAUD.

Je m'empresse de me rendre à vos ordres, chère marquise. (Apercevant Navarette.) Vous ici, mademoiselle?

ANNETTE, jouant la surprise.

Vous vous connaissez?

NAVARETTE.

De longue date, madame. Le baron veut bien avoir quelque amitié pour moi.

D'ESTRIGAUD, à Navarette.

Comment vous êtes-vous portée depuis huit jours?

NAVARETTE.

Aussi bien qu'on peut se porter sans vous voir. Je vous le donne, madame, pour le plus intermittent des hommes. Il y a des semaines où je le vois tous les jours, et des mois où il ne me donne pas signe d'existence. Mais je ne suis pas avare de mes amis et je les cède sans murmure à qui en est plus digne.

ANNETTE.

Je ne suis pour rien dans ses intermittences, mademoiselle, et je ne les comprends pas depuis que j'ai le plaisir de vous connaître.

D'ESTRIGAUD.

Je suppose, mesdames, que vous ne vous êtes pas réunies uniquement pour vous complimenter à mes dépens?

ANNETTE.

Cela seul en vaudrait pourtant bien la peine, cher baron. Mais nous avons un autre but en effet : mademoiselle consent à me faire répéter le rôle de Médée.

D'ESTRIGAUD.

Alors, je ne veux pas troubler la séance.

ANNETTE.

Oh! une première séance ne sert jamais qu'à rompre la glace entre l'écolière et... la maîtresse.

NAVARETTE.

Vous avez beaucoup de dispositions, madame, et

je vous assure que vous jouerez mon rôle à me rendre jalouse.

ANNETTE.

Rassurez-vous, je ne suis pas une rivale dangereuse.

D'ESTRIGAUD.

Vous vous faites fort, madame; à la place de mademoiselle, je tremblerais.

ANNETTE, à part.

Impertinent! (A Navarette.) Pouvez-vous venir demain?

NAVARETTE.

Demain... je ne suis pas libre; après-demain, si vous voulez, à la même heure.

ANNETTE.

Très-bien. Mais ne m'oublierez-vous pas? je me méfie un peu de votre mémoire. Permettez-moi de faire un nœud à votre mouchoir. (Elle va à un petit meuble au fond.)

NAVARETTE, bas à d'Estrigaud.

Tu lui fais donc la cour?

D'ESTRIGAUD.

Un peu.

NAVARETTE.

Elle est jolie... A propos, je voulais t'écrire; j'ai vu Cantenac.

D'ESTRIGAUD.

Il t'a donné un renseignement?

NAVARETTE.

Grande baisse demain.

D'ESTRIGAUD.

Merci.

ANNETTE, revenant avec un bracelet.

Veuillez mettre à votre bras ce modeste mémento.

NAVARETTE.

Je vous le rapporterai fidèlement demain.

ANNETTE.

Oh! ce sont des médailles romaines; cela n'a de valeur que le prix d'affection qu'on veut bien y attacher; demandez plutôt au baron qui s'y connaît.

NAVARETTE.

Alors, je le garde, madame.

ANNETTE.

A après-demain.

NAVARETTE.

A quinzaine, monsieur le baron... (A part.) Il m'a tout l'air de ne pas faire ses frais. (Haut.) A après-demain, madame la marquise. (Elle sort par la porte du fond à gauche.)

## SCÈNE VII.

ANNETTE, D'ESTRIGAUD.

ANNETTE.

Voilà une charmante personne, pleine de tact et de véritable distinction. Je suis enchantée de la connaître. Savez-vous, cher baron, que son éducation vous fait le plus grand honneur?

D'ESTRIGAUD.

Mal joué; marquise. Je marque une école.

ANNETTE, assise sur le canapé de droite.

Comment cela?

D'ESTRIGAUD, s'appuyant au dossier du canapé.

Votre billet était un piége, n'est-ce pas? vous vouliez me mettre en présence de Navarette, jouir de ma confusion et me cribler de ces demi-mots qui sont le triomphe des femmes? Eh bien, il ne fallait pas casser les vitres; vous venez de perdre tout votre avantage. Vous autorisez des explications que je n'eusse jamais osé aborder de front et dont je sentais que j'avais grand besoin.

ANNETTE.

Mais cela s'explique de soi; après avoir vu mademoi-Navarette, on ne peut s'étonner du goût que vous avez pour elle.

D'ESTRIGAUD.

Certes! c'est une liaison si plausible, que personne n'a soupçonné qu'elle en cachait une autre.

ANNETTE.

Une autre?

D'ESTRIGAUD.

Qui a duré cinq ans, avec une femme dont la situation exigeait les plus grands ménagements et dont la réputation n'a pas été effleurée, grâce à ma pauvre Navarette.

ANNETTE.

Cette dame s'accommodait du partage?

D'ESTRIGAUD.

Elle savait, à n'en pouvoir douter, que depuis longtemps Navarette n'est qu'une amie pour moi.

ANNETTE.

Et mademoiselle Navarette acceptait ce rôle de paravent?

D'ESTRIGAUD.

Il a tant de compensations! D'abord, il lui laisse toute la liberté compatible avec les vraisemblances dont j'ai besoin; ensuite il lui fait dans son monde une position très-enviée, permettez-moi cette fatuité; enfin il lui constitue une riche sinécure.

ANNETTE.

En somme, c'est un expédient assez dispendieux.

D'ESTRIGAUD.

Qu'est-ce qu'une cinquantaine de mille francs par an au prix du repos de la femme qu'on aime?

ANNETTE.

Vous l'aimiez donc beaucoup ?

D'ESTRIGAUD.

Je l'ai beaucoup aimée jusqu'au jour où une autre...

ANNETTE.

A propos d'amourettes, empêchez donc mon frère de s'amouracher de la petite Aline.

D'ESTRIGAUD, à part.

Elle rompt les chiens.

ANNETTE.

Mon père a un très-beau parti pour lui, cinq cent mille francs, et je ne voudrais pas qu'Aline fût compromise, pour rien au monde.

D'ESTRIGAUD.

Hum! il est peut-être un peu tard.

ANNETTE.

Fi donc! ils en sont encore aux coquetteries les plus innocentes.

D'ESTRIGAUD.

Croyez-vous ?

ANNETTE.

Est-ce que Lucien vous a fait quelque confidence?

D'ESTRIGAUD.

Au contraire... il évite ce sujet de conversation avec un soin... qui prouve que les choses sont plus avancées que vous ne pensez.

ANNETTE.

C'est impossible! Il faudrait admettre qu'Aline est

l'hypocrisie en personne, car elle est aussi naturelle avec lui qu'avec moi-même.

D'ESTRIGAUD.

L'hypocrisie étant une vertu essentiellement féminine...

ANNETTE, lui faisant place sur le canapé.

C'est bon à dire... Voyons, que savez-vous? car vous me faites peur.

D'ESTRIGAUD, s'asseyant près d'elle.

En ma qualité d'homme vertueux, j'ai la confiance de beaucoup de jolies femmes, et je sais bon nombre de petits secrets... mais je les garde. Tout ce que je peux vous dire, et je vous le dis très-sérieusement, c'est que j'arrêterai cette sotte intrigue d'où il ne peut sortir rien de bon ni pour votre frère, ni pour votre protégée.

ANNETTE.

Et bien, cela me suffit... puisqu'il faut que cela me suffise. Mais je ne vous croyais pas si discret.

D'ESTRIGAUD.

Le grand art est de l'être sans le paraître. Le secret d'une femme est plus en sûreté avec moi qu'avec son confesseur... (Il lui prend la main.)

ANNETTE, se levant.

Eh bien, mon cher confesseur, donnez-moi un conseil.

D'ESTRIGAUD, à part.

Elle rompt trop.

ANNETTE.

Que dois-je offrir à mademoiselle Navarette pour prix de ses leçons?

D'ESTRIGAUD.

Le bracelet de ce matin vous acquitte amplement.

ANNETTE, près de la table du milieu, jouant avec un album.

Je regrette presque de le lui avoir donné.

D'ESTRIGAUD.

Voilà un mot qui me dédommage.

ANNETTE.

Si je lui proposais un échange... très-avantageux ?

D'ESTRIGAUD.

Laissez-lui ce brimborion et faites-moi la grâce d'en venir choisir un autre dans ma collection.

ANNETTE.

Chez vous ?

D'ESTRIGAUD.

Croyez-vous que ce soit l'antre du lion ? Je vous jure qu'on en sort comme on y est entrée. Toutes ces dames m'ont fait l'honneur de visiter mes antiquités, et cela n'a pas donné lieu à la moindre médisance.

ANNETTE.

Eh bien, j'irai avec mon frère.

D'ESTRIGAUD.

Avec votre frère seulement ? c'est bien hardi. A votre place, j'emmènerais mon père, mes enfants et leur gouvernante.

ANNETTE.

Je ne peux pourtant pas y aller seule.

D'ESTRIGAUD.

Ne dites pas cela devant la duchesse de Somo-Sierra, ni devant la marquise de Villejars, ni devant...

ANNETTE.

Pourquoi ?

D'ESTRIGAUD.

Parce que ces dames, étant venues seules chez moi,

vous trouveraient un peu bien collet monté et se demanderaient dans quel couvent de la rue Saint-Denis vous avez été élevée.

ANNETTE.

Ces dames ont été chez vous... seules ?

D'ESTRIGAUD.

Je vous le jure. Après cela, ce sont de fort grandes dames qui ne font à aucun mortel l'honneur de le trouver dangereux.

ANNETTE.

Et vous imaginez-vous par hasard que je vous trouve dangereux, moi ?

D'ESTRIGAUD.

Ma foi ! vous réduisez ma modestie à quelque supposition analogue.

ANNETTE.

Ah ! vous mériteriez bien...

## SCÈNE VIII.

LES MÊMES, LUCIEN.

LUCIEN.

Tiens, Raoul ! bonjour. (A Annette.) Comment, flâneuse, Navarette est partie depuis une demi-heure et ta toilette n'est pas plus avancée ?

ANNETTE.

Ne t'en prends qu'à ton ami. Mais je vais réparer le temps perdu. A revoir, baron. (Bas à d'Estrigaud.) Entreprenez-le donc au sujet d'Aline. (Elle sort par la gauche.)

D'ESTRIGAUD, à part ; il s'assied sur le canapé de gauche.

Elle viendra. (Haut.) Eh bien, Saint-Preux, quoi de nouveau ?

LUCIEN.

Pourquoi Saint-Preux?

D'ESTRIGAUD.

N'était-ce pas un jeune homme romanesque et épistolaire?

LUCIEN.

Eh bien?

D'ESTRIGAUD.

Mon rêve a toujours été de te voir épouser une orpheline vertueuse et pauvre.

LUCIEN.

A qui en as-tu?

D'ESTRIGAUD.

Les joies du foyer, mon ami! le berceau près du lit! la mère, la jeune mère, qui nourrit son huitième enfant...

LUCIEN.

Ah çà! quelle mouche t'a piqué?

D'ESTRIGAUD.

Tu prendras un état, tu deviendras un homme sérieux et utile; tu aspireras aux honneurs municipaux, et tu ne mourras que décoré!

LUCIEN.

Va-t'en au diable!

D'ESTRIGAUD.

Pas de décoration?... non? Au fait, ta femme doit être démocrate comme son vertueux frère.

LUCIEN.

Ah! ah! assez, mon bon. La mouche qui t'a piqué, c'est la mouche du coche. Je ne cours aucun des dangers auxquels tu m'arraches. — Si jamais je me marie, ce sera pour faire une fin, et je ne me laisserai administrer... qu'à bonnes enseignes.

D'ESTRIGAUD.

Alors pourquoi fais-tu la cour à la petite Aline?

LUCIEN.

Un ragot de ma sœur!

D'ESTRIGAUD.

Pas seulement de ta sœur. On a remarqué tes absences aux dîners du cercle et à la table de baccarat. Le bruit court que tu te ranges.

LUCIEN.

Je fermerai la bouche à la calomnie. Quant à mademoiselle Aline, je n'y pense pas plus qu'au Grand Turc, et tu sais si ce potentat me préoccupe.

D'ESTRIGAUD.

A la bonne heure. Mais permets-moi, pour clore, de te rappeler ce principe immortel : le sage ne doit écrire qu'à son bottier, et encore doit-il tâcher de rattraper sa lettre.

LUCIEN.

Que veux-tu dire?

D'ESTRIGAUD.

Rien. Je ne te demande pas tes confidences. Fais ton profit de mon précepte, voilà tout.

LUCIEN.

Tu me crois plus jeune que je ne suis.

D'ESTRIGAUD.

Tant mieux. J'ai rempli le premier devoir de l'amitié, qui est d'être désagréable à son ami; je laisse le reste aux dieux.

LUCIEN.

Trouves-tu sérieusement que c'est le devoir de l'amitié?

D'ESTRIGAUD.

Très-sérieusement, puisque je le remplis.

LUCIEN.

C'est juste. Tu me tires d'une indécision où j'étais : j'ai quelque chose sur le cœur que je n'osais pas te dire...

D'ESTRIGAUD.

Va! je suis prêt à tout.

LUCIEN.

Eh bien! Navarette... te trompe.

D'ESTRIGAUD.

Est-il possible!

LUCIEN.

Avec ce petit drôle de Cantenac.

D'ESTRIGAUD.

En es-tu bien sûr?

LUCIEN.

Si tu veux des preuves...

D'ESTRIGAUD.

Merci, mon cher enfant. Ou je le sais, ou je l'ignore. Si je l'ignore, tu troubles inutilement ma douce quiétude; mais si je le sais... regarde-toi dans la glace.

LUCIEN.

Bah?

D'ESTRIGAUD.

Apprends qu'un gentilhomme doit se laisser tromper par sa maîtresse aussi bien que par son intendant. Navarette fait partie de mon train comme mes chevaux.

LUCIEN.

Je comprends jusqu'à un certain point qu'on n'entrave pas la carrière de ces demoiselles; mais Cantenac ne rapporte rien à celle-ci : il est l'amant de cœur.

D'ESTRIGAUD.

Pardieu! je voudrais bien voir que ce maroufle se permît de payer mes gens!

LUCIEN.

D'Estrigaud! tu es plus grand que nature!... Je ne serai jamais qu'un enfant à côté de toi.

D'ESTRIGAUD.

J'ai de la peine à t'ouvrir les idées, mais je n'en désespère pas. Silence! voici l'homme de Plutarque.

## SCÈNE IX.

LES MÊMES, ANDRÉ.

ANDRÉ.

Bonjour, ami. Je viens de chez vous, monsieur.

D'ESTRIGAUD.

M'apportez-vous des nouvelles?

ANDRÉ.

J'en allais chercher.

D'ESTRIGAUD.

Les affaires ne se font pas vite. Ces messieurs ne m'ont pas encore rendu réponse; mais ils étudient votre projet très-sérieusement et je crois que l'idée les mord; autrement ils auraient déjà refusé.

ANDRÉ.

Vous croyez qu'ils accepteront?

D'ESTRIGAUD.

Dame! je trouve l'affaire magnifique. Dans deux ou trois jours nous saurons à quoi nous en tenir. Un peu de patience.

ANDRÉ.

J'en ai beaucoup ordinairement; mais je ne sais que faire de mon corps dans ce Paris où je ne connais plus personne.

D'ESTRIGAUD.

Justement vous trouverez chez vous une invitation pour demain.

ANDRÉ.

Une invitation? De qui?

D'ESTRIGAUD.

D'une jolie femme à qui j'ai inspiré une grande envie de vous connaître; en un mot, de Navarette.

ANDRÉ.

Navarette? Pardonnez à l'ignorance d'un provincial...

D'ESTRIGAUD.

C'est ma maîtresse.

ANDRÉ.

Tiens!

D'ESTRIGAUD.

Cela vous étonne?

ANDRÉ.

Oui. Je croyais que vous pensiez à vous marier.

D'ESTRIGAUD.

Moi? ah! monsieur, je n'ai rien fait qui justifie ce soupçon.

ANDRÉ.

Pardon, je me rétracte.

D'ESTRIGAUD.

J'accepte vos excuses. Vous viendrez, n'est-ce pas? Vous trouverez là quelques financiers bons à connaître, sans compter votre ami Lucien.

ANDRÉ.

Je suis très-reconnaissant.

D'ESTRIGAUD.

Adieu, messieurs. J'ai un ordre à donner à mon agent

de change et je ne le trouverai plus à la Bourse. A demain.
(Il sort.)

## SCÈNE X.

ANDRÉ, LUCIEN.

LUCIEN.

Hein! quel homme charmant!

ANDRÉ.

Savais-tu qu'il ne veut pas se marier?

LUCIEN.

Parbleu!

ANDRÉ.

Alors tu ne t'aperçois donc pas qu'il fait la cour à ta sœur?

LUCIEN.

Allons donc!

ANDRÉ.

Cela saute aux yeux les moins clairvoyants. Tant que j'ai cru que c'était pour le bon motif, je ne t'ai rien dit; mais diable! il ne faut pas que ton amitié pour ce faux ami t'aveugle plus longtemps.

LUCIEN.

Mon bon, ou je le sais, ou je l'ignore. Si je l'ignore...

ANDRÉ.

Je te l'apprends.

LUCIEN.

Oui, mais si je le sais, regarde-toi dans la glace.

ANDRÉ.

Si tu le sais, c'est toi que je regarde, et entre les deux yeux. — Allons! voilà encore que je donne dans le panneau! Je me couvre de ridicule comme toujours... mais franchement, pouvais-je m'attendre à une charge quand il s'agit de ta sœur?

LUCIEN.

Comment veux-tu, bêta, que d'Estrigaud fasse à ma sœur une cour sérieuse quand il a une maîtresse officielle? Il est en coquetterie avec Annette, rien de plus.

ANDRÉ.

A la bonne heure ; mais c'est déjà trop. Je te déclare que si un homme était en coquetterie pareille avec Aline...

LUCIEN.

C'est tout différent : Annette est veuve, elle sait ce qu'elle fait, et je te prie de croire qu'elle est honnête femme.

ANDRÉ.

Tu n'as pas besoin de m'en prier. Mais une honnête femme est peut-être plus facile à compromettre qu'une autre parce qu'elle ne se croit pas vulnérable. Enfin, veille au grain. Fille, femme ou veuve, une sœur est toujours sous la garde de son frère.

LUCIEN.

Ventre de biche! ami Lagarde, tu es bien nommé.

## SCÈNE XI.

LES MÊMES, UN DOMESTIQUE, puis ALINE.

LE DOMESTIQUE.

Madame la marquise attend M. Lucien.

LUCIEN.

J'y vais. (A Aline qui entre.) Les enfants ont été bien sages, cousine? Ils se sont amusés? Ils n'ont pas eu froid? Je vais faire mon rapport à leur mère. (Il sort.)

ANDRÉ.

Je ne sais plus que penser de ce garçon-là. Il se moque des choses les plus sacrées !

ALINE.

Ne t'arrête pas à cela. Sa perversité n'est qu'une méchante affectation... C'est l'âme la plus délicate, la plus généreuse...

ANDRÉ.

Qu'en sais-tu ?

ALINE.

Je ne peux pas te le dire ; mais Lucien s'est conduit, vois-tu, comme toi seul serais capable de te conduire, toi ou mon père. Si je n'avais pas promis de me taire, tu adorerais celui que tu condamnes.

ANDRÉ.

Vraiment ? — Dis-moi, mon enfant : tu sais qu'il est très-riche ?

ALINE.

Qu'importe !

ANDRÉ.

Tu ne peux pas l'épouser, ne l'oublie pas.

ALINE.

Mais je n'y songe pas.

ANDRÉ.

Je t'avertis. M. Tenancier m'a parlé de ses projets sur son fils... Il a en vue un très-beau parti.

ALINE.

Un parti ?... Tu as raison ; emmène-moi.

ANDRÉ.

En es-tu déjà là ?

ALINE.

Je n'en sais rien... tu m'as donné un coup... Emmène-moi.

ANDRÉ.

Nous avions bien besoin de ce malheur-là! Ah! c'est ma faute! j'aurais dû prévoir ce qui arrive!

ALINE.

Ne t'afflige pas, va! Tu m'as avertie à temps; je l'oublierai... et si je ne l'oublie pas, tu en seras quitte pour me garder près de toi toute ma vie... En seras-tu fâché?

ANDRÉ.

O chère Aline! cher portrait de ma mère! tu as son âme comme tu as son visage et son nom. (Il l'embrasse.) Allons, je vais chercher un nid; dans deux jours nous serons installés... (A part, en sortant.) Elle l'oubliera.

FIN DU DEUXIÈME ACTE.

# ACTE TROISIÈME.

Chez d'Estrigaud. — Un cabinet plein d'objets d'art. — Un déjeuner au chocolat est servi sur un guéridon.

## SCÈNE PREMIÈRE.

WILLIAM, en livrée du matin; QUENTIN, en habit noir, la serviette sur le bras.

WILLIAM.

Monseigneur n'est pas encore levé, monsieur Quentin?

QUENTIN.

Je l'attends.

WILLIAM.

En voilà un fainéant! Il est midi.

QUENTIN.

Si vous étiez rentré chez vous, à huit heures du matin, monsieur William!

WILLIAM.

Quelle bonne charge! Il s'est couché hier soir à dix heures.

QUENTIN.

Vous êtes nouveau dans la maison, mon cher. Apprenez que, deux fois par semaine, monsieur le baron se couche à dix heures pour se relever à deux et ne rentrer chez lui qu'au jour.

WILLIAM.

Est-il bête!

QUENTIN.

Vous sortez d'une maison de parvenus où les domestiques méprisent les maîtres, monsieur William; ce n'est pas dans les allures d'ici. Monsieur le baron en remontrerait au plus malin d'entre nous. Quand il se couche à dix heures et se relève à deux, c'est pour arriver frais au jeu tandis que les autres sont fatigués.

WILLIAM.

Ah! c'est différent.

## SCÈNE II.

LES MÊMES, D'ESTRIGAUD, en veste de soie.

D'ESTRIGAUD.

Que faites-vous là, William?

WILLIAM.

Je venais prendre les ordres de monsieur le baron pour la voiture.

D'ESTRIGAUD.

Quand j'aurai lu mes lettres. (William sort. — D'Estrigaud se met à table, et mange tout en décachetant ses lettres.) Ce n'est pas mon chocolat ordinaire, Quentin.

QUENTIN.

Pardon, monsieur le baron.

D'ESTRIGAUD.

Je vous dis que non. Ce coquin de Coutelard aura changé de fournisseur pour gagner dix sous. Je veux bien qu'il me vole, mais je ne veux pas qu'il liarde. Vous le lui direz. Emportez cette drogue-là.

QUENTIN.

Monsieur le baron veut-il une aile de volaille?

D'ESTRIGAUD.

Euh!... non. Je n'ai pas faim. J'ai soupé au cercle. (Quentin sort en emportant le plateau et la petite table, qu'il range dans un coin.)

D'ESTRIGAUD, seul, ouvrant une lettre.

De mon agent de change. Tiens, je ne pensais plus à mes ordres d'hier soir... Ils valent pourtant la peine qu'on y songe. — Eh bien, c'est aujourd'hui la baisse annoncée, demain la liquidation, dans huit jours j'aurai réalisé mon bénéfice. Ma foi! ce sera fort à propos. Il y avait longtemps que ce petit drôle de Cantenac n'avait donné de renseignements à Navarette. Il manque à tous ses devoirs. Se croirait-il aimé pour lui-même, l'imbécile? Si jamais je me raccommode avec son patron, comme je le consignerai à la porte! (Ouvrant une autre lettre.) Comtesse de Saint-Gilles;.. surnommée la bête du bon Dieu. (Lisant.) « Cher baron, la marquise Galeotti m'a inspiré une folle envie de voir votre fameuse collection, et nous devons lui rendre visite aujourd'hui même. » (Il se lève). Que le diable emporte les bourgeoises et la bourgeoisie! La belle Annette peut bien rester chez elle si elle ne veut venir que sous bonne escorte! Je croyais pourtant l'avoir piquée au jeu... Mais sa prudence native a été la plus forte. (Lisant.) « Nous avons tout simplement pris rendez-vous chez vous. » Oh! oh! rendez-vous chez moi au lieu de venir ensemble? voilà qui me paraît moins simple qu'à vous, bonne Saint-Gilles... (Lisant.) « Rendez-vous chez vous, la marquise ayant dans votre quartier quelques visites qui l'empêchent de me venir chercher. » Cette explication vous a suffi, ange de candeur! — Que peut donc manigancer la petite marquise sous l'égide de votre naïveté? (Lisant.) « Nous avions comploté de vous surprendre. » Vous vous croyez du complot? (Lisant.) « Mais j'ai peur que nous ne nous cassions le nez. » Le vôtre serait à jamais regrettable, madame. (Lisant.) « Et je crois prudent de vous avertir que nous serons chez vous à trois heures précises. » Très-prudent, on ne peut pas plus prudent, et je vous remercie. Ou je ne sais plus déchiffrer une femme, ou le plan de la marquise est d'arriver seule cinq minutes avant la comtesse, en me disant : « Vous voyez, baron, qu'on n'a pas peur de vous. » Ah! rusée, vous voulez faire vos preuves de lionnerie sans rien risquer! Avoir la crânerie des grandes dames sans vous départir de votre prud'homie originelle! Heureusement pour moi, vous n'avez pas osé mettre votre escorte dans votre confidence, et je vous tiens. (Il se dirige vers la table de droite et écrit.) « Chère « comtesse, je suis au désespoir, j'attends précisément à « trois heures des personnes qui vous gêneraient beaucoup « et que vous ne me donnez pas le loisir de contremander. « Ce sera donc partie remise, si vous le voulez bien. Je « préviens la marquise par le même messager. Votre bien « respectueusement dévoué, D'Estrigaud. (Il sonne, entre Quentin.) Vous allez faire porter tout de suite cette lettre par William. A trois heures moins cinq minutes, il viendra une dame; vous l'introduirez et vous ne laisserez plus entrer personne sous aucun prétexte. Est-ce compris?

QUENTIN, fausse sortie.

Oui, monsieur le baron.

D'ESTRIGAUD.

Quentin!

QUENTIN.

Monsieur le baron?

D'ESTRIGAUD.

William me rapportera le cours de la Bourse.

QUENTIN.

Oui, monsieur le baron. (Il ouvre la porte, aperçoit Lucien et annonce). M. de Chellebois. (Il sort.)

## SCÈNE III.

D'ESTRIGAUD, LUCIEN.

LUCIEN.

Bonjour, seigneur. Comment se porte aujourd'hui Votre Grâce ?

D'ESTRIGAUD, assis.

Comme hier et comme demain.

LUCIEN.

Tu es de fer, c'est connu. Entre nous, quel âge peux-tu bien avoir ?

D'ESTRIGAUD.

Eh ! eh !... la quarantaine... bien sonnée !

LUCIEN.

Bah ? Je te donnais vingt-cinq ans.

D'ESTRIGAUD.

Mauvais plaisant !

LUCIEN.

Ma parole... et plutôt deux fois qu'une.

D'ESTRIGAUD, sèchement.

Jette donc ton cigare ; j'attends une femme.

LUCIEN, jetant son cigare dans la cheminée.

Oh ! tu es encore nubile, je n'en doute pas ! La preuve, c'est que je songe à te marier.

D'ESTRIGAUD.

Bah ?

LUCIEN.

Et je viens dans l'intention expresse de te sonder adroitement à ce sujet.

D'ESTRIGAUD.

Quelle est cette charge?

LUCIEN.

Rien de plus solennel. Le mariage est-il absolument exclus de ton programme, oui ou non?

D'ESTRIGAUD.

Absolument, non...

LUCIEN.

Eh bien, si tu admets la possibilité de te marier, voilà le moment. Tu peux encore choisir, dans quelques années tu ne le pourras plus. J'ai un parti pour toi; une veuve de vingt-cinq à trente ans, fort riche, très-belle, avec un nom aristocratique.

D'ESTRIGAUD.

Taratata! Tu ne m'as pas laissé développer ma pensée. (Il se lève.) Le mariage est pour moi la manœuvre désespérée de la frégate qui s'échoue à la côte plutôt que d'amener son pavillon. C'est l'expédient suprême auquel je ne recourrai qu'à la dernière extrémité; et si je m'y prends en effet trop tard, il me restera toujours la ressource héroïque du capitaine : je me ferai sauter.

LUCIEN.

C'est ton dernier mot?

D'ESTRIGAUD.

Le premier et le dernier.

LUCIEN.

Alors, mon cher Raoul, je te prie amicalement de modérer tes assiduités auprès de ma sœur.

D'ESTRIGAUD.

Comment! c'est d'elle qu'il s'agissait? Tu voulais être mon frère, petit Caïn?

LUCIEN.

Ce m'eût été une grande joie, je l'avoue; mais ne pouvant être ton frère, je tiens à rester ton ami; et c'est pourquoi je te prie...

D'ESTRIGAUD.

Bien, bien! c'est convenu. Je ne croyais pas mes assiduités excessives; si tu en juges autrement, il suffit.

LUCIEN.

Tu ne m'en veux pas, j'espère?

D'ESTRIGAUD.

Au contraire; je serais désolé de compromettre une femme quelconque, à plus forte raison ta sœur. Mais, dis-moi, est-ce qu'elle n'est plus résolue à rester veuve?

LUCIEN.

Si bien, mais nous l'aurions fait changer d'avis à nous deux.

D'ESTRIGAUD.

Je n'ai pas la fatuité de le croire... Elle a de trop bonnes raisons de ne pas se remarier! Je m'étonne même que tu l'y pousses. Je comprendrais plutôt qu'au besoin tu l'en détournasses dans l'intérêt de ses enfants comme dans le sien propre.

LUCIEN.

Note bien que je ne tiens pas autrement à la voir se rengager. Je dirai même que je ferais une guerre acharnée à tout prétendant qui ne serait pas toi.

D'ESTRIGAUD.

Merci, mon cher. Mais permets à un homme absolument

D'ESTRIGAUD.

Eh bien, mon cher, il vient trop tard, voilà tout. Nouvelle pour nouvelle : j'ai causé cette nuit au cercle avec nos financiers ; décidément ils épousent votre affaire.

ANDRÉ.

Quel bonheur !

D'ESTRIGAUD.

Nous signerons l'acte de société un de ces matins, et je vous certifie que sir Lindsay n'apporte pas assez de guinées pour faire lâcher prise à nos loups-cerviers.

ANDRÉ.

Vous me mettez du baume dans le sang. Que de remercîments !...

D'ESTRIGAUD.

C'est nous qui vous en devrions si cette monnaie avait cours en affaires. Vous nous apportez une spéculation magnifique...

LUCIEN.

Et nationale !

D'ESTRIGAUD.

Et nationale... j'oubliais ce point. A combien estimez-vous votre part dans cette entreprise patriotique ?

ANDRÉ.

Je ne sais trop... après complète exécution, à quatre ou cinq cent mille francs.

D'ESTRIGAUD.

Avouons qu'il est doux de servir sa patrie à ce prix-là.

LUCIEN.

On la trahirait pour moins.

ANDRÉ.

Oh ! Lucien, prends garde.

LUCIEN.

A quoi, Marc-Aurèle ?

ANDRÉ, riant.

Prends garde de déprécier la trahison par le bon marché.

LUCIEN.

A la bonne heure ! Mais tu avais mis le pied sur l'échelle.

ANDRÉ.

Avoue que je l'ai retiré brillamment.

LUCIEN.

Tu te formes.

ANDRÉ, à d'Estrigaud.

Que vous ont dit ces messieurs ?

D'ESTRIGAUD.

A plus tard les détails. Il faut que je m'habille pour recevoir des dames. Je vous conterai les choses en long et en large ce soir chez Navarette... Vous n'oubliez pas que vous y dînez ? Vous me permettez de procéder à ma toilette, n'est-ce pas ?

ANDRÉ.

Je vous en prie.

D'ESTRIGAUD.

A ce soir. (Il sort.)

## SCÈNE V.

ANDRÉ, LUCIEN.

LUCIEN.

Commences-tu à revenir de tes préventions sur son compte ?

ANDRÉ.

Ma foi, il me rend là un fier service et je voudrais de bon cœur n'avoir que du bien à penser de lui.

LUCIEN.

Eh bien, ne te gêne pas; nous venons d'avoir une explication à l'endroit d'Annette; en somme, il a été tout ce que tu peux souhaiter.

ANDRÉ.

Voilà qui me raccommode tout à fait avec lui... et avec toi... oui, je t'en voulais de ta légèreté sur un point qui touche de si près à l'honneur. Je te méconnaissais.

LUCIEN.

Hélas! le sort des belles âmes n'est-il pas d'être méconnues de leurs contemporains? Vois Aristide!

ANDRÉ.

Et Cartouche!

LUCIEN.

Dis donc, toi! sais-tu que tu marches à pas de géant?

ANDRÉ.

Que veux-tu! Tu m'as prouvé qu'on peut rester vertueux sans être toujours à cheval sur le sérieux des choses... Je mets pied à terre.

LUCIEN.

Ne t'excuse pas!

ANDRÉ.

Et puis je suis si content! mon affaire prend si bonne tournure!

LUCIEN.

Ce ne sera pas désagréable, non! dans un an ou deux d'avoir vingt bonnes mille livres de rente, et de pouvoir te passer toutes tes fantaisies.

ANDRÉ.

Oh! moi, je n'en ai pas.

LUCIEN.

Il t'en viendra, garde-toi d'en douter. Ne sois pas dupe de la feinte modestie de tes goûts. La frugalité n'est qu'une impuissance comme les autres vertus.

ANDRÉ, *avec un rire forcé.*

Eh! eh! eh!

LUCIEN.

Brûler la chandelle par le plus de bouts possible, voilà le vrai problème de la vie. De tous les sages de l'antiquité, Sardanapale est le seul qui ait eu le sens commun.

ANDRÉ.

Ah! ah! ah!

LUCIEN.

Aussi comme sa mort enfonce celle de Socrate!

ANDRÉ, *timidement.*

Oh!

LUCIEN.

L'un meurt piteusement par obéissance aux lois, trépas de robin monomane! L'autre, révolté sublime, se fait un bûcher de son palais et y traîne avec lui les voluptés dont le destin vainqueur croyait le séparer!

ANDRÉ.

Tu es lyrique... un peu lyrique....

LUCIEN.

Eh bien, Sardanapale, c'est d'Estrigaud.

ANDRÉ.

Alors il ferait bien d'avertir ses femmes.

LUCIEN.

On ne peut pas causer sérieusement avec toi!

ANDRÉ.

Tu étais donc sérieux?

LUCIEN.

Oui, jeune néophyte, je l'étais, et vous me répondez par des calembredaines!

ANDRÉ.

Que le diable t'emporte! On ne sait jamais sur quel pied on danse avec vous autres.

LUCIEN.

Tu tombes rarement en mesure, j'en conviens; mais tu te rattrapes, il y a progrès.

ANDRÉ.

N'est-ce pas? je ne sens plus trop la province?

LUCIEN.

Plus assez du moins pour incommoder. — Ah! çà, observe-toi ce soir chez Navarette: tu vas entrer, je t'en préviens, dans le temple même de la blague.... Tiens-toi bien!

ANDRÉ.

Mon Dieu, c'est l'aplomb qui me manque. Tu ne te doutes pas à quel point vous m'intimidez.

LUCIEN.

L'aplomb te viendra avec la fortune.

ANDRÉ, *examinant le salon.*

Il est certain qu'un gaillard logé comme ça n'a pas lieu d'être timide; c'est un autre homme que le pauvre diable qui loge en garni.

LUCIEN.

Parbleu! Les philosophes ont beau dire, l'écaille fait partie du poisson.

ANDRÉ.

On ne peut pas se défendre d'un certain respect pour le propriétaire de tant de belles choses.

LUCIEN.

Et c'est juste : la richesse est une puissance dont le luxe est la présence visible.

ANDRÉ.

Je n'avais pas idée d'un luxe pareil.

LUCIEN.

Et ce que tu vois n'est rien. En fait de luxe, le plus raffiné et le plus cher est celui qui ne saute pas aux yeux.

ANDRÉ.

Combien donc dépense le baron ?

LUCIEN.

Cent cinquante mille francs par an.

ANDRÉ.

Cent cinquante! et il est garçon... Alors que peut-on faire en famille avec vingt mille ?

LUCIEN.

Dame! on peut vivre à son aise... dans l'acajou, la porcelaine opaque, les fiacres à quarante sous, les gants nettoyés et les chemises de coton; que te faut-il de plus ?

ANDRÉ.

Oh! rien... nous sommes habitués aux privations, nous autres! — il y a des gens heureux.

LUCIEN.

Bah! la richesse ne fait pas le bonheur... une simple chaumière... dans un beau quartier.

## SCÈNE VI.

LES MÊMES, D'ESTRIGAUD, en redingote.

LUCIEN.

Déjà! Tu n'as pas été long...

D'ESTRIGAUD.

Le temps vous a semblé court, messieurs.

ANDRÉ.

Nous admirions votre appartement, monsieur le baron.

D'ESTRIGAUD.

Il est joli, n'est-ce pas? (Bas à Lucien.) Emmène-le donc...

LUCIEN, à André.

N'importunons pas monsieur plus longtemps; les devoirs de sa charge le réclament.

D'ESTRIGAUD.

Excusez-moi de ne pas vous retenir, mon cher: je ne m'appartiens pas.

ANDRÉ.

Vous êtes un homme public.

LUCIEN.

A ce soir. (Ils sortent.)

## SCÈNE VII.

D'ESTRIGAUD, seul.

S'il savait qui j'attends, il faudrait nous couper la gorge. Je le croyais plus fort. Cette circonstance ne laisse pas que de modifier la situation. Ce que je cherche, moi, c'est une liaison de convenances, l'association pacifique d'un veuvage et d'un célibat sous le consentement tacite de la famille et du monde. Je croyais avoir trouvé la pie au nid : train de maison honorable, enfants bien élevés, beau-frère de bonne humeur, femme charmante, toutes les conditions du confort et de la sécurité. Mais ce n'est plus cela du tout, du moment que le frère a un double fond tragique ; il faudrait ou me cacher comme un Castillan, ou m'exposer à des arrias de tous les diables, à un scandale, à des scènes dramatiques... toutes choses parfaitement ridicules et désagréables. — D'un autre côté, la marquise en elle-même est-elle bien mon lot ? A y bien regarder, sa petite machination d'aujourd'hui indique une furieuse ténacité de vertu bourgeoise. Je parviendrais à la réduire, que ses préjugés classiques repousseraient comme du chiendent ; ce serait une succession perpétuelle de scrupules à combattre ou de remords à éponger... Elle est de la pâte des femmes légitimes et non des maîtresses. Elle ne peut rendre heureux qu'un mari... et je n'en suis pas encore là, grâce au ciel ! Décidément, j'ai eu tort de contremander la bonne Saint-Gilles. Hé bien, quoi ? je serai respectueux, voilà tout, et je profiterai même de l'occasion pour battre honorablement en retraite... notre bail n'est pas signé, après tout !

QUENTIN, annonçant.

Madame la marquise Galeotti.

## SCÈNE VIII.

D'ESTRIGAUD, ANNETTE.

ANNETTE.

Vous voyez, baron, qu'on n'a pas peur de vous.

D'ESTRIGAUD.

Quelle bonne surprise, madame!

ANNETTE.

Je passais dans votre rue, j'avais fini mes courses plus tôt que je ne pensais, je me suis dit : Voilà une belle occasion de visiter les antiques, et j'ai arrêté à votre porte.

D'ESTRIGAUD.

Vous êtes la plus grande dame que je connaisse. Voulez-vous que nous passions dans ma galerie?

ANNETTE.

Tout à l'heure. — C'est très-joli chez vous. Je n'avais pas encore vu d'appartement de garçon... nous ne nous figurons pas du tout ce que c'est.

D'ESTRIGAUD.

Vous vous imaginiez le temple du désordre et de l'inconfortable?

ANNETTE.

A peu près... mais je fais amende honorable. C'est mieux tenu que chez moi. On dirait qu'une femme de goût a présidé au moindre détail.

D'ESTRIGAUD.

Merci pour Navarette.

ANNETTE.

Ah! c'est elle?

D'ESTRIGAUD.

Le soin de mon appartement fait partie de ses chastes attributions, et elle vient de temps en temps y donner le coup d'œil de la...

ANNETTE.

Du maître.

D'ESTRIGAUD.

De la gouvernante. Mais le jour va baisser, et si vous voulez visiter ma collection...

ANNETTE.

Tout à l'heure.

D'ESTRIGAUD.

Qu'attendez-vous donc?

ANNETTE.

Personne.

D'ESTRIGAUD.

Et vous avez raison; elle ne viendra pas. (Il lui donne la lettre de la comtesse.)

ANNETTE, après avoir lu.

Que cette Saint-Gilles est gauche! Mais qui vous dit qu'elle ne viendra pas?

D'ESTRIGAUD.

Je lui ai vivement répondu qu'elle trouverait visage de bois, et que je vous avertissais en même temps qu'elle. Ainsi ne lui dites pas que vous êtes venue.

ANNETTE, mettant la table entre elle et d'Estrigaud.

Mais, monsieur, c'est un guet-apens...

D'ESTRIGAUD.

Bien innocent, je vous jure. Vous avez voulu jouer au fin avec moi, vous êtes battue; cette victoire me suffit, et je prétends la couronner en vous prouvant à quel point vos précautions me faisaient injure.

ANNETTE.

Soit, monsieur; mais vous m'exposez à être surprise dans un tête-à-tête...

D'ESTRIGAUD.

Rassurez-vous : ordre est donné de ne laisser entrer personne.

ANNETTE.

Mais c'est bien pire, monsieur! que va penser de moi votre valet de chambre?

D'ESTRIGAUD.

Absolument rien; c'est sa consigne chaque fois qu'il me vient des curieuses.

ANNETTE.

Il vous vient des curiosités de toute espèce; je n'entends pas que cet homme, qui sait mon nom, se méprenne sur la mienne. (Elle sonne.)

D'ESTRIGAUD.

Que faites-vous?

ANNETTE.

Vous allez lui dire que sa consigne ne me concernait pas.

QUENTIN, entrant avec un papier sur un plateau d'argent.

C'est le cours de la bourse que monsieur demande.

D'ESTRIGAUD.

Oui, mettez ça là. (Quentin pose le papier sur la table, à droite.) Ne vous avais-je pas dit de fermer ma porte?

QUENTIN.

Oui, monsieur le baron.

D'ESTRIGAUD.

Eh bien, c'est par erreur. Vous laisserez entrer comme à l'ordinaire.

QUENTIN.

Tout le monde?

D'ESTRIGAUD.

Hé oui, tout le monde.

QUENTIN.

Bien, monsieur le baron. (Il sort.)

D'ESTRIGAUD.

Êtes-vous satisfaite?

ANNETTE.

Maintenant, je m'en vais.

D'ESTRIGAUD.

Pas tout de suite, ou ce drôle croira qu'on peut entrer parce que vous n'y êtes plus.

ANNETTE.

C'est vrai... mais s'il arrive quelqu'un?

D'ESTRIGAUD.

Il n'arrivera personne; la consigne a dû descendre jusqu'à la loge du concierge, qui ne sait pas votre nom, lui. Sacrifiez encore cinq minutes à l'opinion de M. Quentin, et permettez-moi d'en profiter pour moi-même. Aussi bien ai-je une explication à vous donner.

ANNETTE.

Sur quoi, mon Dieu? (Elle s'assied près de la table.)

D'ESTRIGAUD.

Sur la rareté de mes futures visites. Je serais désolé que vous pussiez l'attribuer à un pur caprice. Votre frère sort d'ici. Il trouve mes assiduités compromettantes, — ce sont ses propres expressions, — et il me prie de les suspendre.

ANNETTE.

De quoi se mêle-t-il? Ne suis-je pas d'âge à me conduire?

D'ESTRIGAUD.

Sans doute; mais ce n'est pas à moi de le lui dire: je suis trop son ami pour lui résister sur un point si délicat.

ANNETTE.

Et je crois que votre condescendance ne vous coûte guère.

D'ESTRIGAUD.

Du moins le respect que je dois à votre réputation et à votre tranquillité...

ANNETTE, ironiquement.

Oh! vous êtes très-respectueux, c'est incontestable.

D'ESTRIGAUD.

Les femmes sont toutes les mêmes. Si je touchais le bout de votre gant, vous me trouveriez odieux; et parce que je reste dans les bornes du plus profond respect, vous me trouvez presque ridicule; avouez-le.

ANNETTE, qui joue depuis un moment avec la cote de la bourse.

Un franc de hausse sur la rente.

D'ESTRIGAUD.

Plaît-il?

ANNETTE.

Un franc de hausse...

D'ESTRIGAUD, stupéfait.

C'est impossible!

ANNETTE.

Voyez plutôt. (Elle lui donne la cote.) Cela vous contrarie?

D'ESTRIGAUD.

Non... cela m'étonne. (A part.) Ruiné!...

ANNETTE, se levant.

Les cinq minutes que je dois à M. Quentin sont écoulées. — Ne me regardez pas de cet œil farouche et accompagnez-moi jusqu'à l'antichambre avec force salamalecs pour achever d'édifier vos gens sur mon compte.

D'ESTRIGAUD, l'arrêtant par la main.

De grâce, madame, encore un instant...

ANNETTE.

Que vous reste-t-il à me dire ?

D'ESTRIGAUD.

Que je vous adore.

ANNETTE.

Ah ! vous aviez raison, monsieur, ici c'est odieux !

D'ESTRIGAUD.

Pourquoi ? Toutes les portes sont ouvertes ; vous êtes aussi en sûreté que chez vous. Et si je ne vous le dis pas ici, où vous le dirai-je ? ce n'est pas une déclaration que je vous fais, c'est un adieu éternel.

ANNETTE.

Un adieu éternel ? Voilà un bien grand mot.

D'ESTRIGAUD.

Mon amitié pour votre frère ne me sépare-t-elle pas de vous à jamais ?

ANNETTE.

Tout ce qu'il peut vous demander, c'est de venir moins souvent chez moi.

D'ESTRIGAUD.

Sans doute. Mais il m'a ouvert les yeux ; je ne m'apercevais pas que je vous aime follement !... Oh ! laissez-moi vous le dire pour la première et pour la dernière fois !

ANNETTE.

Pourquoi avez-vous parlé ? Ce n'est pas mon frère qui nous sépare maintenant, c'est votre aveu.

D'ESTRIGAUD.

Je m'étais juré de me taire jusqu'au bout, mais l'effort a dépassé mes forces !... Et puis, qu'importe ? Maintenant que je vois clair dans mon cœur, mon devoir est tracé... Il faut que je vous oublie, que je m'éloigne, que je voyage... Je partirai demain.

ANNETTE.

Mais c'est absurde. Je n'entends pas bouleverser votre existence.

D'ESTRIGAUD.

Et que voulez-vous que je devienne à Paris? Votre porte ne m'est-elle pas fermée à double tour, par votre frère et par mes aveux?

ANNETTE.

Je les oublierai... vous n'avez rien dit, je n'ai rien entendu... Vous serez raisonnable, vous serez mon meilleur ami...

D'ESTRIGAUD.

Jamais! Ces paroles qui vous offensent s'échapperaient de mes lèvres malgré moi... Je ne m'appartiens plus... Vous ne savez pas à quel délire de passion je suis arrivé!

ANNETTE, lui mettant la main sur la bouche.

Taisez-vous, malheureux! (D'Estrigaud couvre sa main de baisers.)

ANNETTE, faiblement.

Vous êtes fou... (Il l'entoure de ses bras.) Monsieur! (Elle court vers la porte; d'Estrigaud y arrive avant elle et la lui barre.)

D'ESTRIGAUD.

Non... Vous ne sortirez pas.

NAVARETTE, entrant.

Qu'est-ce donc?

## SCÈNE IX.

LES MÊMES, NAVARETTE.

ANNETTE, courant à elle.

Protégez-moi!

D'ESTRIGAUD, après un moment d'hésitation.

Oh! malheur! votre honneur à la discrétion d'une Navarette!

ANNETTE.

J'ai été attirée dans un piége indigne, madame... je vous le jure sur la tête de mes enfants!

D'ESTRIGAUD.

Comment voulez-vous qu'elle vous croie? Elle n'a pas d'enfants! —Si elle raconte seulement ce qu'elle a vu, — et elle le racontera, — à qui persuaderons-nous que je ne suis pas votre amant? Mes serments seront pris pour le mensonge d'un galant homme... Ah! pauvre femme! vous êtes perdue! bien perdue! et par ma faute! misérable que je suis! Mais je ne faillirai pas à mes devoirs envers vous! la seule réparation désormais possible, je vous l'offre; acceptez mon nom.

NAVARETTE, à part.

Son nom!... Jouons serré. (Haut.) Je crois à votre innocence, madame, et, sur ce que j'ai de plus sacré, je vous jure qu'il ne sortira pas de ma bouche un mot qui puisse vous nuire.

ANNETTE.

Oh! merci, mademoiselle!

D'ESTRIGAUD.

Sa parole vous suffit?

ANNETTE.

Oui, monsieur; j'y crois comme elle croit à mon innocence.

D'ESTRIGAUD.

A la bonne heure.

NAVARETTE.

Vous êtes bien dur pour moi, monsieur d'Estrigaud. Vous savez pourtant que j'ai de l'honneur à ma manière, et c'est cet honneur-là que j'engage à madame.

ANNETTE.

Cet honneur-là, mademoiselle, s'appelle le cœur.

NAVARETTE.

Reconduisez madame, monsieur le baron. Elle est déjà trop restée dans ma compagnie pour le respect que lui doivent vos gens.

ANNETTE.

Vous avez toutes les délicatesses, mademoiselle. — Restez, monsieur, je sortirai seule. (Elle sort, d'Estrigaud reste incliné sur la porte.)

NAVARETTE, à part.

Je suis venue à propos... la baronie m'échappait.

## SCÈNE X.

NAVARETTE, D'ESTRIGAUD, redescendant en scène.

D'ESTRIGAUD.

Tu ne comprends donc rien, toi?

NAVARETTE.

Qu'y a-t-il à comprendre?

D'ESTRIGAUD.

Que tu viens de me faire manquer un mariage magnifique.

NAVARETTE.

Dame! quand je suis entrée, tu n'étais pas sur le chemin de la mairie, ce me semble.

D'ESTRIGAUD.

Hé! cette marquise est une bourgeoise timorée, qui une fois à moi aurait imploré le sacrement!... sans compter que son frère l'aurait exigé!

NAVARETTE.

Il fallait donc fermer ta porte.

D'ESTRIGAUD.

Ton arrivée pouvait tout conclure si tu avais voulu comprendre.... Mais non, mademoiselle se pique et fait les beaux bras! Ah! tu peux te vanter de m'avoir ruiné, toi!

NAVARETTE.

En somme, un mariage de manqué, dix de retrouvés.

D'ESTRIGAUD.

Est-ce que je serai épousable demain!

NAVARETTE.

Pourquoi pas?

D'ESTRIGAUD.

Pardieu! Tu m'as donné un joli renseignement, je te remercie.

NAVARETTE.

Mais je crois qu'il n'était pas mauvais. Il y a une hausse d'un franc.

D'ESTRIGAUD.

Hé bien? tu m'as annoncé la baisse.

NAVARETTE.

Moi? Tu rêves.

D'ESTRIGAUD.

J'en suis tellement sûr qu'en te quittant j'ai fait vendre.

NAVARETTE.

*Mon pauvre ami... c'est un malentendu désolant! Moi, j'ai acheté... peu, malheureusement.

D'ESTRIGAUD.

Enfin, je perds huit cent mille francs, je n'ai pas de quoi les payer, je suis exécuté, obligé de donner ma démission de toutes mes sinécures, rasé comme un ponton.

NAVARETTE.

Fais-toi reporter.

D'ESTRIGAUD.

A quoi bon? je n'aurai pas plus d'argent dans un mois qu'aujourd'hui, maintenant que mon mariage est manqué.

NAVARETTE.

Tu as des amis...

D'ESTRIGAUD.

Des amis? tu m'amuses! Je n'en ai plus pour trente sous du moment que je dois huit cent mille francs.

NAVARETTE.

Il y en a un du moins qui ne te manquera pas.

D'ESTRIGAUD.

Quel est ce phénix?

NAVARETTE.

Moi.

D'ESTRIGAUD.

Toi, ma pauvre fille?

NAVARETTE.

Ma maison de la rue Castiglione ne vaut-elle pas huit cent mille francs?

D'ESTRIGAUD.

Écoute, mon enfant... je ne suis pas facile à attendrir, mais le diable m'emporte si tu ne m'as pas remué le cœur!

(*Lui prenant la main et la portant à ses yeux.*) Tiens, voilà une larme de d'Estrigaud... fais-la monter en bague, c'est le dernier joyau qu'il t'offrira.

NAVARETTE.

Tu refuses?

D'ESTRIGAUD.

Oui, chère fille. Je n'ai pas beaucoup de préjugés, tu le sais; mais il y a des délits de savoir-vivre inadmissibles, des inélégances infranchissables. Un galant homme ne peut ruiner que sa femme légitime, je te l'ai dit vingt fois.

NAVARETTE.

Mais, alors, que vas-tu faire?

D'ESTRIGAUD.

Que veux-tu que je fasse? Je ne peux pas payer, je ne payerai pas. C'est encore plus convenable que de payer avec l'argent de ma maîtresse.

NAVARETTE.

Raoul... tu me fais peur!

D'ESTRIGAUD.

En quoi?

NAVARETTE.

Tu veux te tuer!

D'ESTRIGAUD.

Moi!

NAVARETTE.

Oh! n'espère pas me donner le change! Tu as trop répété sur tous les tons que tu te ferais sauter au premier désastre...

D'ESTRIGAUD.

C'est vrai...

NAVARETTE.

Je te connais... tu le feras, ne fût-ce que pour ne pas être ridicule!

D'ESTRIGAUD.

Il est certain que j'aurai une contenance piteuse, si je m'en tiens à un pouf vulgaire. Mes professions de foi hautaines deviendront des rodomontades puériles, on en fera des gorges chaudes... Mordieu! la situation est plus grave que je ne pensais!

NAVARETTE.

Que t'importent de sots quolibets que tu feras taire avec quelques coups d'épée?

D'ESTRIGAUD.

Détrompe-toi! on sait bien que je me bats : on attend de moi une crânerie supérieure au courage du duel; je me suis vanté de l'avoir, et si je ne l'ai pas, tous les duels du monde ne m'ôteront pas un pouce de ridicule... Mille tonnerres! comment sortir de là?

NAVARETTE.

Accepte mon argent; personne n'en saura rien, je te le jure.

D'ESTRIGAUD.

Ces choses-là ne restent jamais longtemps cachées. Si tu ne disais rien, c'est moi qui parlerais, et si ce n'était moi, ce seraient les pierres de la maison vendue pour me tirer d'affaire... car tu n'as pas de valeurs au porteur?

NAVARETTE.

Non... tu m'as toujours conseillé les immeubles.

D'ESTRIGAUD.

La vente d'un immeuble quel qu'il soit ne peut pas rester secrète, et dans huit jours je serais la fable de tout Paris.

NAVARETTE.

Que faire, mon Dieu, que faire? — Si nous déclarions hautement la chose comme elle est? si je disais que ma fortune me vient de toi et que je te la restitue? n'y aurait-il pas là une certaine grandeur...

D'ESTRIGAUD.

Grandeur de ton côté, oui, certes; mais bassesse du mien. Et puis je ne veux pas te mettre sur la paille.

NAVARETTE.

Oh! je n'y serais pas. Ma maison vendue, il me resterait pour deux millions de terrains, avenue de Zurich.

D'ESTRIGAUD, avec une surprise émue.

Tu as pour deux millions de terrains?

NAVARETTE.

Oui.

D'ESTRIGAUD.

Et je n'en savais rien!

NAVARETTE.

Tout le monde l'ignore, excepté maître Duperrou, mon notaire.

D'ESTRIGAUD.

Mais comment ne m'en avais-tu rien dit?

NAVARETTE.

Les hommes sont si bavards! Tu ne m'aurais pas gardé le secret, et je pressentais qu'un jour tu aurais besoin d'une fortune ignorée.

D'ESTRIGAUD.

Ou tu es l'ange du dévouement... ou tu veux être baronne.

NAVARETTE, détournant les yeux.

Baronne, moi? si tu avais la sottise de m'offrir ton nom, je n'aurais pas celle de l'accepter.

D'ESTRIGAUD.

Parce que?

NAVARETTE.

Parce que notre mariage te déclasserait sans me réhabiliter.

D'ESTRIGAUD.

C'est un peu vrai.

NAVARETTE, finement.

Ne pas croire que mon sacrifice serait une première réhabilitation qui en justifierait une seconde...

D'ESTRIGAUD.

Peut-être! peut-être! Le monde est plus romanesque qu'il ne paraît, et quand on sait lui jouer cet air-là... (Déclamant.) Eh bien! oui, messieurs, moi Raoul d'Estrigaud, j'épouse la Navarette. Je l'épouse parce qu'en un jour de détresse elle m'a prouvé qu'elle avait gardé intacte cette partie de l'honneur que j'appelle le cœur. Elle était déchue de sa place légitime, je la lui rends... C'est aussi une restitution que je lui fais! Et maintenant choisissez d'admirer ma conduite ou de me mettre au ban. (A Navarette du ton ordinaire.) Là-dessus il y aurait un peu d'hésitation, mais c'est alors que l'intervention de l'épée serait efficace, et... va te promener! j'oubliais Cantenac.

NAVARETTE, vivement.

Il n'est pas mon amant.

D'ESTRIGAUD, lui prenant le menton.

Espiègle!... Il ne pourrait pas me regarder sans rire, et son rire serait contagieux. Allons, n'y pensons plus.

NAVARETTE.

Tu aimes mieux te brûler la cervelle?

D'ESTRIGAUD.

Ma foi, oui. — Et dire que je perds la partie avec

quinte et quatorze en main! Dans trois mois je réaliserais ma part du canal de Gibraltar... Tiens, tiens, tiens!

NAVARETTE.

Quoi encore?

D'ESTRIGAUD.

Je peux la réaliser ce soir même! Ah! pour le coup je suis sauvé.

NAVARETTE.

Sans m'épouser? quel bonheur!

D'ESTRIGAUD.

Je rachète sa concession à l'ingénieur, je la lui paye ce qu'il veut, le double de ce qu'elle vaut au besoin, et je la vends trois millions...

NAVARETTE.

A qui?

D'ESTRIGAUD.

Aux Anglais, parbleu! (Il sonne.) Ta voiture est en bas?

NAVARETTE.

Oui.

D'ESTRIGAUD.

Tu vas me conduire au Grand-Hôtel. (A Quentin qui entre.) Un chapeau et des gants. (Quentin sort.) Tu es une bonne fille, Navarette. Je n'oublierai jamais que tu m'as tiré une larme, et je la convertirai en rivière de diamants. (Quentin lui apporte un chapeau et des gants.)

NAVARETTE, à part.

Il m'échappe encore une fois, mais il n'ira pas loin. Décidément les hommes sont plus coquins que nous. (Ils sortent.)

FIN DU TROISIÈME ACTE.

# ACTE QUATRIÈME.

Un salon chez Navarette. — Grand luxe sans clinquant.

## SCÈNE PREMIÈRE.

NAVARETTE, ANDRÉ, D'ESTRIGAUD, AURÉLIE, CANTENAC, LUCIEN, VALENTINE.

NAVARETTE.

Eh bien ! monsieur de Lagarde, comment vous trouvez-vous de la vie ?

ANDRÉ.

Ébloui ! charmé !... Que voulez-vous que je vous dise ? jamais je ne m'étais vu à pareille fête. Les lumières, les truffes, la gaîté, la blancheur des épaules... Ah ! mais... on s'amuse beaucoup dans le creux de cet arbre, comme dit Lucien.

NAVARETTE.

Je suis enchantée que ma petite hospitalité trouve grâce à vos yeux.

VALENTINE, à Navarette.

On ne joue donc pas les *Argonautes*, ce soir ?

NAVARETTE.

Non. Le dragon est indisposé.

LUCIEN.

On aurait pu le faire doubler par Cantenac ; il sait le rôle, et il imite Lardier... une mère s'y tromperait.

CANTENAC, se versant un petit verre de liqueur.

A messieurs de la noblesse et du tiers !

LUCIEN.

Pas de politique, Cantenac. Respecte mes convictions.

CANTENAC.

De quel parti es-tu ?

AURÉLIE.

Des parties fines.

D'ESTRIGAUD.

Vingt sous d'amende à Aurélie pour ce déplorable calembour. Nous te corrigerons.

AURÉLIE, jetant vingt sous sur la table.

Jamais ! j'aurai de l'esprit jusqu'à mon dernier sou. — Donne-moi un cigare, Lucien.

ANDRÉ.

Vous fumez le cigare, mademoiselle ?

AURÉLIE.

Cela vous étonne, jeune étranger ?

LUCIEN, lui apportant un cigare.

Il aurait cru que tu fumais la pipe.

AURÉLIE.

Toi, tu n'es qu'un malhonnête.

LUCIEN, à André.

As-tu remarqué comme elle mange, cette frêle créature ?

AURÉLIE.

J'adore la volaille truffée.

D'ESTRIGAUD.

Prends garde qu'un beau jour elle ne te paye d'ingratitude.

AURÉLIE.

Bah! Le poulet qui doit me tuer n'est pas encore pondu.

ANDRÉ.

Ah! je comprends! Parfait!

LUCIEN.

N'encourage pas sa manie.

D'ESTRIGAUD.

Vingt autres sous.

AURÉLIE.

J'aime mieux prendre tout de suite un abonnement. Donne un louis, Chellebois.

LUCIEN.

Tes calembours me ruinent.

NAVARETTE.

Bah! Ce sont tes pauvres.

ANDRÉ.

Très-joli.

VALENTINE.

Des pauvres d'esprit!

ANDRÉ.

Plus joli encore.

AURÉLIE.

Comment l'entendez-vous, madame?

VALENTINE.

Des pauvres spirituels, madame.

AURÉLIE.

Je vous rattraperai, vous.

VALENTINE, bas à Navarette.

Quel ton! Comment la recevez-vous?

NAVARETTE, de même.

Il le faut bien, pour Chellebois.

ANDRÉ, à Valentine.

Mademoiselle Valentine ne fume pas?

VALENTINE, sèchement.

Non, monsieur, et je n'aime pas les fumeurs.

ANDRÉ.

Je me le tiens pour dit. (Il va jeter son cigare.)

VALENTINE, bas à Navarette.

Il m'ennuie, votre provincial.

NAVARETTE, de même.

Non, — il aura trois millions.

VALENTINE.

Quand?

NAVARETTE.

Demain.

VALENTINE, à André.

Vous avez jeté votre cigare, monsieur de Lagarde? Savez-vous que cela ressemble presque à une déclaration?

ANDRÉ.

Je voudrais que cela y ressemblât tout à fait.

CANTENAC.

Il va bien, le stoïcien.

ANDRÉ.

Moi stoïcien? allons donc! Les cuistres ont beau dire, messieurs, voilà la vraie vie!

CANTENAC.

Bravo, monsieur de Lagarde!

ANDRÉ.

Qu'est-ce que vous avez tous à m'anoblir?

LUCIEN.

Ne fais donc pas ton enfant du peuple... ton grand-père avait la particule.

ANDRÉ.

Je crois bien qu'il l'usurpait.

NAVARETTE.

Eh bien, en fait de noblesse, usurpation vaut titre.

LUCIEN.

Je vous dénonce mon ami comme démocrate et libre penseur.

ANDRÉ.

N'en croyez pas un mot, mesdames.

LUCIEN.

Alors, reprends ta particule.

D'ESTRIGAUD.

Elle ne vous sera pas inutile dans les affaires.

CANTENAC.

Ni auprès des femmes.

VALENTINE.

Je ne comprends pas qu'on aime un roturier, monsieur de Lagarde.

ANDRÉ.

Va donc pour de Lagarde ! me voilà du faubourg.

AURÉLIE.

Et du plus faux encore !

LUCIEN.

Assez, Aurélie, assez !

AURÉLIE.

Laisse-moi consommer, c'est payé. — Quelles nouvelles du faubourg, cher baron ?

D'ESTRIGAUD.

Aucune... Ah! si fait! Ludovic, ce même Ludovic que Valentine appelait son jeune premier et Aurélie son je ne sais quoi...

AURÉLIE.

Moi, toujours bête.

D'ESTRIGAUD.

Oui. — Il vient d'entrer à la Trappe.

CANTENAC.

A moi, Auvergne!

VALENTINE.

Où avez-vous appris cela?

D'ESTRIGAUD.

Parbleu! c'est tout au long dans la *Gazette des Cocodès*.

NAVARETTE.

Ce pauvre Ludovic! Je n'en reviens pas.

D'ESTRIGAUD.

Voilà ce que c'est, mesdames, que d'avoir une âme tendre.

CANTENAC.

Une âme tendre, lui? mon casque me gêne.

ANDRÉ.

Quel casque?

CANTENAC.

Vous n'avez donc pas vu les *Argonautes?*

VALENTINE.

Tout ce que je peux vous dire, c'est qu'il portait à son cou une médaille que lui avait donnée sa maman.

CANTENAC.

Aïe! aïe! aïe! la croix de ma mère.

AURÉLIE.

Et quand il avait trop dîné, il n'avait qu'un mot : Je trompe ma famille ! Je trompe ma famille !

LUCIEN.

N'avait-il pas en effet une famille à la vertu ?

AURÉLIE.

Ayez donc des parents honnêtes !...

D'ESTRIGAUD.

Ne me parlez pas de l'éducation de famille !

CANTENAC.

Et de la famille donc !... Pour moi, je n'en reconnais qu'une : ce sont mes amis.

D'ESTRIGAUD.

D'abord c'est celle dont on se débarrasse le plus facilement.

ANDRÉ.

Messieurs, je demande grâce pour l'amitié.

D'ESTRIGAUD.

Pourquoi pas aussi pour l'amour ?

ANDRÉ.

Ma foi ! pendant que j'y suis :

Dieu lui-même ordonne qu'on aime,
Je vous le dis en vérité...

CANTENAC.

Honneur et patrie ! c'est un disciple de Béranger.

AURÉLIE.

Un cœur d'or.

NAVARETTE.

La jeunesse et la liberté, voilà ses dieux.

D'ESTRIGAUD.

Vous croyez encore à ces vieilleries-là ?

ANDRÉ.

Dame ! j'aime mieux y croire... que d'y aller voir.

CANTENAC.

Vous abjurez ? Il suffit.

ANDRÉ.

Ce que j'en disais, moi, c'était pour plaire aux dames.

AURÉLIE.

Merci de l'attention. — Est-ce qu'on ne va pas procéder à un petit bac... bacca... baccarat ?

NAVARETTE.

Nous ne sommes pas en nombre, j'attends quelques personnes.

AURÉLIE.

Attendons-les en cartonnant... la main me démange !

NAVARETTE.

Quelle joueuse enragée !

VALENTINE.

Je crois bien ; mademoiselle a une veine invraisemblable depuis quinze jours.

AURÉLIE.

Voilà ! Vous ne voulez pas croire à la vertu des fétiches, mesdames ; j'en ai un qui ne me quitte pas... est-ce vrai, Raoul ?

D'ESTRIGAUD.

Oui, ma bonne... (A Navarette.) La table est-elle prête ?

NAVARETTE.

Elle doit l'être.

D'ESTRIGAUD.

Allons, messieurs. (Bas à Navarette.) Retiens l'ingénieur et prépare le terrain ; il est si primitif !

VALENTINE.

Voulez-vous être de moitié dans mon jeu, monsieur de Lagarde ?

ANDRÉ.

Mais je n'ai jamais touché une carte.

VALENTINE.

Vraiment ? Oh ! alors, confiez-moi votre bourse.

ANDRÉ.

Il n'y a pas grand'chose dedans.

VALENTINE.

C'est égal ; votre argent est un porte-bonheur.

AURÉLIE.

Et vous dites que vous n'êtes pas superstitieuse !

VALENTINE.

C'est tout différent ! Il est bien connu que l'argent d'une personne qui n'a jamais touché une carte... n'est-ce pas, Chellebois ?

LUCIEN.

Tous les savants vous le diront.

VALENTINE, à André.

Nous sommes associés.

ANDRÉ.

Pour le jeu seulement ?

CANTENAC.

Vous êtes un peu vif.

ANDRÉ.

Et je me contiens !... Si j'exprimais à mademoiselle tout ce qu'elle m'inspire...

AURÉLIE.

Le rouge lui en tomberait.

CANTENAC.

Montrez-nous le chemin, Navarette.

NAVARETTE.

Commencez sans moi, je vous rejoins tout à l'heure.

D'ESTRIGAUD.

Suivez mon panache blanc!

NAVARETTE.

Monsieur de Lagarde, restez! j'ai à vous parler.

## SCÈNE II.

NAVARETTE, ANDRÉ.

NAVARETTE.

Il me semble que vous serrez de près mon amie Valentine, monsieur l'ingénieur?

ANDRÉ.

Quelle admirable créature!

NAVARETTE.

Elle a beaucoup de distinction.

ANDRÉ.

Et des yeux!... et une taille!... Je ne sais quel parfum s'exhale de ses vêtements, de ses cheveux... mais cela grise! — A-t-elle le cœur libre?

NAVARETTE.

C'est assez singulier; elle me faisait la même question à votre sujet.

ANDRÉ.

Vraiment? Et qu'avez-vous répondu?

NAVARETTE.

Que vous alliez retourner en Espagne.

ANDRÉ.

Mais je ne pars pas de sitôt.

NAVARETTE.

Oh! ce n'est pas une femme à caprices... il lui faut des liaisons sérieuses.

ANDRÉ.

Et vous pensez que, sans mon départ, j'aurais eu quelque chance?...

NAVARETTE.

Je crois, entre nous, que vous lui avez fait une vive impression.

ANDRÉ.

Malgré ma pauvreté?

NAVARETTE.

A cause de cela, peut-être. Elle est très-romanesque. On l'a vue passer d'un millionnaire à un gentilhomme ruiné, sans sourciller. Elle vend ses voitures et ses bijoux, et tout est dit.

ANDRÉ.

C'est gentil... Quel ennui de partir!

NAVARETTE.

Bah! vous allez retrouver vos occupations.

ANDRÉ.

Sans doute. Ah! que mes chantiers vont me paraître tristes!... Comme je reverrai souvent, là-bas, à travers la fumée de ma pipe solitaire, ce petit coin du paradis... de Mahomet, où j'ai passé une heure!

NAVARETTE.

Espérons que vous y reviendrez.

ANDRÉ.

Dans combien de temps?... Il va falloir encore trimer quatre ou cinq ans...

NAVARETTE.

Qu'est cela à votre âge?

ANDRÉ.

Vous en parlez à votre aise! Je ne me suis jamais amusé, moi. Les femmes que j'ai rencontrées n'étaient pas dignes de délacer les brodequins de Valentine.

NAVARETTE.

Comme vous vous montez la tête!

ANDRÉ.

C'est vrai! je ne sais ce que j'éprouve, mais il me semble que je n'ai pas vécu jusqu'à présent. Je sens en moi une explosion de sensualités inconnues. J'aspire les senteurs voluptueuses, comme un cheval de bataille l'odeur de la poudre!... Et dire qu'il faut reprendre le collier de misère...

NAVARETTE.

Qui vous y force? Restez!

ANDRÉ.

Le puis-je? ma fortune est là-bas!

NAVARETTE.

Combien vous rapportera l'exécution de ce canal?

ANDRÉ.

Quatre ou cinq cent mille francs.

NAVARETTE.

En quatre ou cinq ans... Si on vous les offrait sur-le-champ?

ANDRÉ.

Hein?

NAVARETTE.

Si on vous achetait votre concession ce prix-là?

ANDRÉ.

Qui?

NAVARETTE.

Accepteriez-vous?

ANDRÉ.

Pardieu! avec ivresse... mais c'est un rêve!

NAVARETTE.

D'Estrigaud va vous faire la proposition tout à l'heure, et vous aurez votre argent demain si vous voulez.

ANDRÉ, avec enthousiasme.

Dites à Valentine que je reste, que je l'adore, qu'elle ne vendra ni ses bijoux, ni ses voitures... Je ne veux pas que mon amour la mette à pied!

NAVARETTE.

Je conçois cela. Rien ne doit être plus humiliant pour un homme que de faire déchoir sa maîtresse.

ANDRÉ.

C'est inadmissible! Arracher Valentine à son atmosphère de luxe, décrocher ce tableau de son cadre! quelle brutalité!

NAVARETTE.

Mais vous ne pourrez pas suffire au train qu'elle mène avec vos pauvres petites vingt-cinq mille livres de rente.

ANDRÉ.

J'entamerai le capital, parbleu! je doterai largement ma sœur, et je mangerai le reste.

NAVARETTE.

Valentine ne le souffrirait pas. Une femme de cœur ne peut accepter que le superflu de l'homme qu'elle aime.

ANDRÉ.

Eh bien! je lui dirai que j'ai cent mille livres de rente, et ce sera la vérité pendant deux ans.

NAVARETTE.

Quelle folie!

ANDRÉ.

C'est la sagesse! Sardanapale est le seul qui ait eu le sens commun. L'homme qui a pleinement vécu, ne fût-ce qu'une heure, meurt plus plein de jours à trente ans que l'octogénaire qui n'a rien connu de la vie.

NAVARETTE.

Avec de pareils appétits, il vous faudrait une fortune de plusieurs millions.

ANDRÉ.

Je n'en serais pardieu! pas embarrassé!

NAVARETTE.

La voulez-vous?

ANDRÉ, riant.

Ardemment. Faut-il signer un pacte avec le diable? Donnez-moi une plume et de l'encre... rouge.

NAVARETTE.

Il ne faut pas tant de choses; il suffit de refuser les offres de Raoul.

ANDRÉ.

Je ne comprends plus du tout.

NAVARETTE.

Êtes-vous homme à reconnaître un bon avis par une entière discrétion?

ANDRÉ.

Sans doute.

NAVARETTE.

Je vais trahir mon vieil ami d'Estrigaud pour vous que je connais depuis une heure tout au plus. Ne prenez pas la peine de vous en étonner, et quand on vous rend service, n'ayez pas la curiosité de demander pourquoi. Me donnez-vous votre parole d'honneur d'enfouir dans un secret absolu la révélation que je vais vous faire?

ANDRÉ.

Je vous la donne.

NAVARETTE.

D'Estrigaud vous achète votre concession cinq cent mille francs pour la revendre trois millions.

ANDRÉ.

Bah!

NAVARETTE.

Faites le marché vous-même, et vous voilà trois fois millionnaire.

ANDRÉ.

Trois fois millionnaire! cent cinquante mille livres de rente... à moi? ce n'est pas possible!

NAVARETTE.

Vous n'avez qu'à étendre la main.

ANDRÉ.

Mais alors je suis aussi riche que le baron!

NAVARETTE.

Et plus solidement.

ANDRÉ.

Je peux avoir un hôtel comme le sien, des laquais comme les siens...

NAVARETTE.

Et des attelages alezan brûlé, et une loge à l'Opéra.

ANDRÉ.

Et des maîtresses dans l'or et la soie, et des douzaines de chemises de batiste!

NAVARETTE, souriant.

Et des parfums dans vos mouchoirs.

ANDRÉ.

Je marierai ma sœur à qui elle voudra... Trois millions!... Oh! chère Navarette, comment vous témoigner ma gratitude? Ne disiez-vous pas à table que vous aviez envie d'une bonbonnière à Ville-d'Avray? permettez-moi de la mettre à vos pieds.

NAVARETTE.

Merci mille fois, cher monsieur. Mais votre reconnaissance n'a qu'un gage à m'offrir, c'est le secret. Je ne me dissimule pas l'énormité de mon procédé envers Raoul.

ANDRÉ.

Bah! il n'a que ce qu'il mérite. — Ah! s'il m'offrait loyalement la moitié du marché, je me ferais scrupule de lui souffler l'affaire; mais un dixième! c'est trop peu. Monsieur le baron, tant pis pour vous! vous n'aurez rien. Cent cinquante mille livres de rente au fils de mon père!... c'est à crever de rire.

NAVARETTE.

Vous ne me demandez même pas le nom et l'adresse de l'acquéreur.

ANDRÉ.

Que ce soit le diable en personne...

NAVARETTE.

Encore faut-il pouvoir vous aboucher avec lui.

ANDRÉ.

Eh bien?

NAVARETTE.

Sir James Lindsay...

ANDRÉ.

Lindsay? J'aurais dû m'en douter... Ah! mille millions de tonnerre!

NAVARETTE.

Qu'est-ce qui vous prend ?

ANDRÉ.

Est-ce que je peux vendre aux Anglais !... Ces choses-là sont faites pour moi.

NAVARETTE.

Mais que ce soit vous ou d'Estrigaud qui vendiez...

ANDRÉ.

Ce ne sera ni lui ni moi, pardieu !

NAVARETTE, à part.

Cela me suffit !

ANDRÉ.

C'était bien la peine de me mettre l'eau à la bouche. .

NAVARETTE.

En tous cas, ne me compromettez pas... J'ai votre parole ! chut !

## SCÈNE III.

LES MÊMES, D'ESTRIGAUD.

NAVARETTE.

A la rescousse, baron; M. de Lagarde ne veut rien entendre. Il tient à attacher son nom au canal... la gloire !

D'ESTRIGAUD, froidement.

Va me remplacer au jeu.

NAVARETTE, à part.

Si tu défais mon petit travail, tu seras fin. (Elle sort.)

D'ESTRIGAUD, à part, allumant une cigarette.

Les grands moyens. (Haut.) Les femmes n'entendent rien aux affaires et elles ont la manie de s'en mêler. Je parie que Navarette vous aura expliqué les choses tout de travers!

ANDRÉ.

Mais non... j'ai parfaitement compris.

D'ESTRIGAUD.

Et vous préférez la gloire, comme elle dit, à quinze cent mille francs?

ANDRÉ.

Quinze cent?...

D'ESTRIGAUD.

Oui, quel chiffre vous avait-elle annoncé?

ANDRÉ.

Cinq cents.

D'ESTRIGAUD.

Vous voyez bien... (Il jette sa cigarette.) Écoutez, je suis très-carré en affaires et je joue cartes sur table; je trouve trois millions de votre concession; je vous offre le partage par moitié.

ANDRÉ.

Au moins est-ce loyal.

D'ESTRIGAUD.

Marché conclu?

ANDRÉ.

Non.

D'ESTRIGAUD.

Qui vous arrête?...

ANDRÉ, avec embarras.

Mais... je ne peux rien conclure sans savoir le nom de l'acquéreur.

D'ESTRIGAUD.

Pourquoi?

ANDRÉ.

Dame! j'ai une responsabilité envers le gouvernement espagnol, et j'ai besoin de savoir à qui je vends.

D'ESTRIGAUD.

Vous vendez au baron d'Estrigaud qui endosse votre responsabilité et vous en décharge. N'en demandez pas davantage.

ANDRÉ.

Au fait, c'est assez vrai. Le surplus ne me regarde pas; tant pis pour vous si... Eh bien! non! C'est une capitulation de conscience inacceptable! Je sais à qui vous vendez et toutes les escobarderies du monde ne feront pas que je l'ignore.

D'ESTRIGAUD.

Qui vous l'a dit?

ANDRÉ.

Personne! mais c'est bien difficile à deviner! Qui peut offrir trois millions de ma concession, sinon sir James Lindsay?

D'ESTRIGAUD.

Sir James Lindsay?

ANDRÉ, vivement.

N'est-ce pas lui? Je serais bien enchanté qu'il y eût erreur, et si vous me donnez seulement votre parole d'honneur...

D'ESTRIGAUD.

C'est lui. — Que vous importe?

ANDRÉ.

Hé! morbleu! ce qu'il veut acheter, n'est-ce pas évidemment le moyen de faire avorter l'entreprise?

D'ESTRIGAUD.

Sans doute. Après?

ANDRÉ

Comment, après? Cet argent-là me brûlerait les doigts.

D'ESTRIGAUD.

Vous êtes un enfant. Votre canal ne se fera pas, quoi qu'il arrive. J'ai vu sir James Lindsay. Il a ordre de s'emparer de l'affaire à tout prix. Le moyen le moins coûteux est d'acheter votre concession et de créer une compagnie fictive qui tombera d'elle-même dans un temps donné. Si vous refusez, il dépensera dix millions au lieu de trois et vous n'en aurez pas un rouge liard, voilà tout.

ANDRÉ.

Si j'en étais bien sûr... ce serait différent. Et encore non, cela ne change rien à ma situation. Un devoir stérile n'en est pas moins un devoir. — Ah! les parents pauvres ont bien besoin de tant raffiner la conscience de leurs enfants!... comme si nous n'avions déjà pas assez d'obstacles devant nous!

D'ESTRIGAUD.

Ainsi vous refusez?

ANDRÉ.

Il le faut bien!

D'ESTRIGAUD.

Eh bien! non, il ne le faut pas! Je dirai plus, vous n'en avez pas le droit. Je vais être brutal, tant pis; c'est vous qui m'y forcez. Il faut absolument à votre sœur une dot de cinq cent mille francs.

ANDRÉ.

Pourquoi?

D'ESTRIGAUD.

Parce que le père Tenancier ne donnera pas son fils à moins, et que ce mariage est devenu nécessaire.

ANDRÉ, *très-ému.*

Que voulez-vous dire, monsieur?

D'ESTRIGAUD.

Rien qui puisse porter atteinte à mademoiselle Aline. Elle est parfaitement pure, mais parfaitement compromise. Elle aime Lucien, ce n'est un secret pour personne.

ANDRÉ.

Ce n'est pas vrai, c'est une indigne calomnie.

D'ESTRIGAUD.

Pas d'émotion. Le mal fût-il plus grand qu'il n'est, le mariage répare tout.

ANDRÉ, à lui-même.

Effectivement.

D'ESTRIGAUD.

Et s'il ne tient qu'à vous de marier votre sœur à Lucien, vous avez là un devoir qui prime tous les autres, vous en conviendrez.

ANDRÉ, avec un demi-sourire.

Oui... s'il n'y a pas d'autre salut pour ma sœur.

D'ESTRIGAUD.

Il n'y en a pas.

ANDRÉ.

Vraiment?... Mais encore que dit-on? que suppose-t-on? Je n'admets pas que Lucien ait eu l'infamie...

D'ESTRIGAUD.

Certes! Il n'y a de coupable en tout cela que la situation même. Pour le monde qui n'est pas tenu de savoir le fond des choses, votre sœur a chez M. Tenancier la position d'une institutrice ou d'une demoiselle de compagnie. Or dans une maison où il se trouve un jeune homme, pour peu que l'institutrice soit jolie, il y a présomption de roman; pour peu qu'on remarque un changement dans les allures du jeune homme, il y a certitude.

ANDRÉ, *désappointé.*

S'il n'y a que cela, je n'ai qu'à emmener ma sœur pour couper court aux méchants propos.

D'ESTRIGAUD.

Il y a plus, mon cher. Autrement je ne vous dirais pas que le mariage est indispensable.

ANDRÉ.

A la bonne heure, car jusque-là...

D'ESTRIGAUD.

Votre sœur a écrit à Lucien.

ANDRÉ.

Écrit!... Cela devient grave en effet... Comment le savez-vous?...

D'ESTRIGAUD.

Par Aurélie qui a dérobé la lettre.

ANDRÉ.

Une lettre de ma sœur en de pareilles mains!... Est-elle très... significative?

D'ESTRIGAUD.

Je ne l'ai pas lue... Aurélie n'a voulu me montrer que la signature. D'ailleurs elle ne sait pas que c'est de votre sœur et je n'ai eu garde de le lui dire, mais elle peut le découvrir d'un moment à l'autre, et alors un esclandre!...

ANDRÉ.

Oui, vous aviez raison... il n'y a plus place à l'hésitation. Mon premier devoir est de sauver ma sœur.

D'ESTRIGAUD.

C'est ce que je pense.

ANDRÉ.

Je ne suis pas un Brutus, moi... Si j'étais seul en cause, je ferais le sacrifice... tout inutile, tout absurde qu'il est...

je le faisais, vous en êtes témoin! Mais diable! je n'ai pas le droit de sacrifier ma sœur à mon chauvinisme. N'est-ce pas votre avis à vous qui êtes un homme d'honneur?

D'ESTRIGAUD.

Complètement.

ANDRÉ.

D'ailleurs, ce marché... qui ne fait de tort à personne, il faut bien le reconnaître! ce n'est pas même moi qui le conclus, c'est vous!

D'ESTRIGAUD.

Parbleu! — Enfin si cet argent doit vous brûler les doigts, il y a une chose bien simple: ne prenez que la dot de votre sœur et laissez-moi le reste.

ANDRÉ, *embarrassé.*

Oh! mon Dieu!

D'ESTRIGAUD.

A tant faire que mettre les doigts au feu, vous préférez en retirer les marrons, n'est-ce pas?

ANDRÉ.

Que feriez-vous à ma place?

D'ESTRIGAUD.

Je ne déclamerais plus.

ANDRÉ.

Oh! c'est bien fini!

## SCÈNE IV.

LES MÊMES, VALENTINE, AURÉLIE, NAVARETTE, CANTENAC, LUCIEN, DEUX JEUNES GENS ET DEUX FEMMES.

VALENTINE, *à André, lui montrant ses mains pleines d'or et de billets de banque.*

Que vous disais-je, monsieur de Lagarde? Votre argent a fructifié; prenez votre part.

ANDRÉ, lui baisant la main près du coude.

La voilà! — Mesdames et messieurs, je vous invite tous à dîner demain à la Maison d'or, et en sortant de table je vous taillerai une banque à faire dresser les cheveux sur la tête.

LUCIEN.

Qu'est-ce qui te prend?

ANDRÉ.

C'est la fleur de l'aloès qui éclate! J'ai assez vécu comprimé dans ma coque! De l'air, morbleu! du bruit! du bruit nocturne surtout! Décrochons les enseignes des bourgeois et rossons le guet!

LUCIEN.

Il est gris, Dieu me pardonne!

D'ESTRIGAUD, à part.

Je l'ai grisé.

ANDRÉ.

Ah! belle Valentine, puisse ce banquet être le repas des accordailles. Je vous adore!

VALENTINE.

Est-ce bien vrai?...

ANDRÉ.

Demandez à Navarette. (A Lucien.) Présente-moi donc à ces messieurs et à ces dames que je n'ai pas l'honneur de connaître.

NAVARETTE, bas à d'Estrigaud.

Vous êtes d'accord?

D'ESTRIGAUD.

Oui... à quinze cent mille francs.

NAVARETTE, à part, regardant André.

Quel imbécile!

VALENTINE, à Aurélie.

Hé bien, mademoiselle, que dites-vous maintenant de votre fétiche ?

AURÉLIE.

Je dis qu'il est usé, voilà tout.

LUCIEN.

Il faut t'en procurer un autre.

AURÉLIE.

Ne me parlez pas, vous! ou plutôt... nous allons avoir une petite explication. Voilà quinze jours que vous me trompez grossièrement, j'en ai la preuve.

LUCIEN.

Quinze jours! et tu n'as pas encore éclaté ?

AURÉLIE.

Tiens! tant que je gagnais!

LUCIEN.

Puisque tu as tant fait, patiente encore une heure, sois gentille en public.

AURÉLIE.

Je ne serai pas gentille! — Ah! il faut à monsieur des femmes du monde!

LUCIEN.

Tu as ton accès ?

AURÉLIE.

Non, monsieur, je reste calme et digne, j'ai toute ma raison. — Vous devriez au moins vider vos poches pour venir chez moi.

LUCIEN.

Mes poches ?

ANDRÉ, bas à Lucien.

Emmène-la donc!

LUCIEN, à Aurélie.

Tu achèveras ta scène en voiture, filons ! (Il l'entraîne.)

AURÉLIE.

Pas de brutalités... Quelqu'un de vous, messieurs, connaît-il une dame qui s'appelle Aline de son petit nom ?

LUCIEN, s'arrêtant.

Aline ?

ANDRÉ, à part.

Il était temps de lui trouver une dot.

CANTENAC.

Nous avons bien un opéra-comique de ce nom.

LUCIEN.

Ne plaisantons pas, messieurs ! (A Aurélie.) C'est plus grave que tu ne penses. Explique-toi.

ANDRÉ, bas à Lucien.

Ne la pousse pas à bout ; elle a une lettre.

LUCIEN.

Tu as une lettre signée Aline ?

AURÉLIE.

Parfaitement ! C'est mon fétiche... pauvre femme trompée que je suis !

LUCIEN.

C'est impossible !

AURÉLIE.

Je l'ai trouvée dans la poche de votre redingote.

LUCIEN.

Donne-la-moi.

AURÉLIE.

Non.

LUCIEN.

Je vous demande pardon de cette scène, messieurs ; mais Aline est le nom d'une personne à qui tous nos respects sont dus, et sur la réputation de laquelle il ne doit pas planer une ombre... de mademoiselle Lagarde.

AURÉLIE, à André.

Ah! monsieur! si j'avais su!

LUCIEN.

Voyons, la lettre. (Aurélie la lui donne. Il l'ouvre et éclate de rire.) Parbleu! elle est bonne! C'est la lettre à papa.

D'ESTRIGAUD.

Quelle lettre à papa?

LUCIEN.

Une vieille lettre d'amour que j'ai trouvée il y a quinze jours, que je me réservais de réintégrer respectueusement dans la poche de mon auteur, sans la lire, et dont la jalouse Aurélie s'est emparée. Je la croyais bien perdue.

D'ESTRIGAUD, bas à André.

J'ai toujours votre parole?

ANDRÉ, de même.

Oui... Tant pis!

LUCIEN, regardant la lettre.

C'est en effet signé Aline.

ANDRÉ, avec un rire forcé.

Mais une Aline à ton père, ce doit être la reine de Golconde.

LUCIEN.

Je le croirais... vu la pâleur de l'encre et la jaunisse du papier. Tiens. (Il lui donne la lettre.)

VALENTINE.

Dis donc, Lucien, je ne me représente pas nettement le père Chellebois en bonne fortune.

AURÉLIE.

Ni moi.

ANDRÉ, à part, atterré, les yeux sur la lettre.

Ma mère !

AURÉLIE, à Lucien.

Abuserais-tu de ma candeur ?

LUCIEN.

Comment as-tu pu être jalouse de ce papyrus?

ANDRÉ, à part, fermant les yeux, et comme foudroyé.

Ma mère ! (La lettre s'échappe de ses mains.)

AURÉLIE, à Lucien.

Ne détourne pas la question.

LUCIEN, ramassant la lettre.

Tiens, est-ce assez jaune ?

AURÉLIE, lui sautant au cou.

Tu es un amour... Je m'étonnais aussi... car elle est d'un beau bleu, cette épître !... Écoutez-moi ça, mesdames.

LUCIEN.

Je te défends !...

AURÉLIE, passant la lettre à Valentine.

Lisez, Valentine, je le tiens.

TOUS.

Lisez, lisez ! à la tribune !

LUCIEN.

C'est absurde ! (On se groupe autour de Valentine.)

TOUS.

Chut ! (André rouvre les yeux et les promène autour de lui.)

VALENTINE, lisant.

« Oui, ami, je vous aime... »

ANDRÉ, bondissant.

Oh ! cette fille ! (Il lui arrache la lettre des mains. A Lucien.) Tu laisses faire cela, toi ? Tu laisses traîner les secrets de famille dans les ruisseaux ? Qui te dit qu'il n'y a pas là dedans l'âme d'une honnête femme égarée? Qui te dit qu'elle n'a pas expié dans les larmes, qu'elle n'est pas descendue dans la tombe avant l'heure, blemie par le repentir? et que ses enfants ne rachèteront pas sa faute à force d'œuvres et de loyauté ?

D'ESTRIGAUD.

Ma foi, mon cher, il s'agirait de votre propre mère...

ANDRÉ, regardant tout le monde avec un geste terrible.

Qui parle de ma mère, ici?

CANTENAC.

Mais, monsieur de Lagarde...

ANDRÉ.

Je m'appelle Lagarde tout court, comme mon père. (A d'Estrigaud.) Le marché que vous me proposiez et auquel j'avais la lâcheté de prêter l'oreille est une immonde trahison!

D'ESTRIGAUD.

Monsieur!

ANDRÉ.

Je le refuse!

D'ESTRIGAUD.

Êtes-vous ivre?

ANDRÉ.

Mon refus vous étonne, n'est-ce pas? Vous pensiez bien avoir mis la gangrène dans mon honneur... mais votre piqûre se guérit comme les autres... avec le fer rouge. — Adieu! messieurs. Faites litière de tout ce qu'on respecte. Il vient un jour où les vérités bafouées s'affirment par des coups de tonnerre. Adieu! je ne suis pas des vôtres. (Il sort.)

## SCÈNE V.

LES MÊMES, moins ANDRÉ.

CANTENAC, à d'Estrigaud, qui s'élance sur les pas d'André.

S'il vous faut un témoin, mon cher, je suis là. (D'Estrigaud s'arrête, les yeux fixés sur Cantenac.)

LUCIEN.

Un témoin? Pour quoi faire?

CANTENAC.

Dame! Il a été insulté assez carrément... trahison immonde!

LUCIEN.

André est gris, et je suis sûr qu'il sera le premier à regretter sa ridicule algarade.

CANTENAC.

Il faudra des excuses fièrement explicites alors.

LUCIEN.

Mêlez-vous de vos affaires, Cantenac. André n'est pas un pilier de salles d'armes comme vous. Je parierais qu'il n'a pas touché une épée depuis l'École. Raoul n'a donc pas lieu de se montrer rigoureux, d'autant qu'il a fait ses preuves.

CANTENAC.

On ne les a jamais assez faites.

D'ESTRIGAUD, s'avançant lentement vers Cantenac.

Ainsi à votre avis, mon cher Cantenac, ma réputation a encore besoin d'une petite affaire?

CANTENAC.

Dame!

D'ESTRIGAUD, lui donnant une chiquenaude sur le nez.

Eh bien, la voilà!

CANTENAC, furieux, mais retenu par Lucien.

Vous êtes fou, monsieur!

NAVARETTE, à part.

Je suis baronne! — Pauvre Cantenac!

FIN DU QUATRIÈME ACTE.

# ACTE CINQUIÈME.

(Même décor qu'au premier acte.)

## SCÈNE PREMIÈRE.

TENANCIER, ANNETTE.

TENANCIER.

Je ne te ferai pas de morale, ma pauvre enfant ; tu as reçu une leçon plus sévère que tout ce que je pourrais te dire. Tu n'as d'ailleurs péché que par imprudence. Mais ton M. d'Estrigaud est un lâche coquin! (Il se lève en boutonnant sa redingote.)

ANNETTE.

Où vas-tu ?

TENANCIER.

A mes affaires.

ANNETTE.

Tu ne vas pas, j'espère, provoquer cet homme ?

TENANCIER.

Non, non.

ANNETTE.

D'abord, il refuserait de se battre avec toi.

TENANCIER.

C'est ce que nous verrons.

ANNETTE.

Tu vois bien que tu y vas!... ô père! quelle folie... à ton âge!

TENANCIER.

Il n'y a pas d'âge quand l'honneur parle!

ANNETTE.

Mais, père, il ne parle pas. Cet homme m'a attirée dans un guet-apens, c'est vrai, mais j'en suis sortie saine et sauve, tout est dit. Ce que nous avons de mieux à faire, c'est d'éviter le bruit.

TENANCIER.

Et de laisser notre offense sans réparation? Fais comprendre cela à ton frère, si tu peux; mais, moi, j'ai les idées de mon temps. Il ne sera pas dit qu'un mauvais drôle se sera impunément joué à notre honneur. En t'insultant, ce misérable a insulté tous les hommes de ta famille; et ce qui n'a été qu'une tentative contre toi reste un attentat complet contre nous. — Je vais le trouver.

ANNETTE, l'arrêtant.

En tous cas, ce serait à mon frère d'y aller, non à toi.

TENANCIER.

Ne suis-je pas le chef de la famille?

ANNETTE.

Qu'aurais-tu dit si ton père avait pris ta place en pareille occasion?

TENANCIER.

Mais on ne sait jamais où trouver ton frère!

ANNETTE.

Il sera ici dans un quart d'heure, si tu veux. Je vais lui écrire un mot.

TENANCIER.

C'est inutile, c'est inutile, je suis là.

ANNETTE.

Ne vois-tu pas que tu le couvres de honte en te battant en son lieu...

TENANCIER.

Mais il n'est pas de force avec ce bretteur.

ANNETTE.

Hé bien, et toi?

TENANCIER.

Oh! moi, j'en ai vu bien d'autres.

ANNETTE.

Tu as été duelliste?

TENANCIER.

De mon temps tout le monde l'était plus ou moins.

ANNETTE.

A la bonne heure! Tue M. d'Estrigaud, et du coup tu auras déshonoré tes deux enfants.

TENANCIER.

Allons donc!

ANNETTE.

On croira que tu t'es battu au refus de ton fils, c'est bien clair; et quant à ta fille, pas un homme de notre monde, je t'en préviens, n'admettra qu'un vieillard risque sa vie pour la réparation d'une tentative sans résultat. A peine comprendrait-on qu'il le fît pour un outrage irréparable.

TENANCIER.

Il est beau, votre monde!

ANNETTE.

Tu ne le changeras pas. Enfin, si j'ai voix au chapitre quand il s'agit de ma réputation, je te prie, et très-instamment, de ne rien faire qui puisse amener un scandale.

TENANCIER.

Ton droit est supérieur au mien, ma fille. Puisses-tu ne pas te tromper!

ANNETTE.

Rapporte-t-en à la clairvoyance maternelle; mon honneur est celui de mes enfants. Reste le côté véritablement grave de ma situation, auquel j'ai réfléchi toute la nuit, et dont je voulais causer avec toi. — Ma réputation est à la merci d'une femme plus que légère, n'est-ce pas? D'autre part, je suis répandue dans une société avec laquelle je sentirais le besoin de rompre, quand même je ne serais pas exposée à y rencontrer journellement M. d'Estrigaud; mais je veux une rupture naturelle qui ne donne lieu à aucun commentaire...

TENANCIER.

Eh bien, ces deux faces de la situation te conseillent le même expédient...

ANNETTE.

L'absence, n'est-ce pas?

TENANCIER.

Oui.

ANNETTE.

Je vais partir avec mes enfants pour ma villa du lac de Côme; au bout d'un an, je serai oubliée de mes brillantes relations, et je rentrerai sans bruit dans ce monde bourgeois pour lequel je suis faite, et dont je n'aurais jamais dû sortir.

TENANCIER.

Que tu me charmes, mon enfant, de parler ainsi! qu'il y a de bon sens et d'honnêteté dans ta résolution!

ANNETTE.

Seulement, pauvre père bien-aimé, il faut un motif à ce départ précipité, et je n'en vois qu'un de plausible... ta santé.

TENANCIER.

Eh bien, je vais tomber malade, c'est entendu.

ANNETTE.

Cette espèce d'exil ne t'effraye-t-il pas un peu?

TENANCIER.

Un exil!... avec toi et mes petits-fils!... mais je partirais tout seul, s'il le fallait!

ANNETTE.

Mon frère te manquera bien.

TENANCIER.

Ah! ce qui me tourmente, c'est de le laisser plongé dans l'amitié de ce gredin...

ANNETTE.

Sois sûr que leur amitié ne sera pas longue, je m'en repose sur M. d'Estrigaud. N'ayant plus d'espérance du côté de la sœur, il n'a plus intérêt à cultiver le frère.

TENANCIER.

C'est juste... Je me demandais aussi quelquefois à part moi quel plaisir il pouvait trouver dans le commerce d'un homme relativement si jeune...

ANNETTE.

Il n'en trouvera plus.

## SCÈNE II.

LES MÊMES, LUCIEN.

ANNETTE.

Comme tu es pâle!

TENANCIER.

Qu'as-tu donc?

LUCIEN, tombant sur une chaise.

Je n'en puis plus! Je n'assiste depuis ce matin qu'à des choses terribles.

ANNETTE.

Oh! mon Dieu!

LUCIEN.

D'Estrigaud et Cantenac viennent de se battre.

TENANCIER.

Ah!

LUCIEN.

J'étais témoin de d'Estrigaud avec Saint-Julien. Nous étions persuadés qu'il ne s'agissait que d'un petit duel entre amis, et nous faisions d'avance le menu du déjeuner, avec Bragelard.

ANNETTE.

Bragelard?

LUCIEN.

Oui, un jeune chirurgien, neveu de Navarette, dont Raoul a payé l'éducation. Cantenac, de son côté, avait aussi amené son médecin, en sorte que Raoul disait en riant : Nous ne manquerons pas d'écuyers tranchants. Ça n'a pas été long de rire! Au bout de quelques passes, d'Estrigaud est touché en pleine poitrine; par un mouvement automatique, il envoie sa riposte qui traverse Cantenac et le tue raide.

ANNETTE.

C'est épouvantable!

LUCIEN.

Nous portons Raoul dans le fiacre... Mon cher, dit-il à Bragelard, il ne s'agit pas de me traiter en enfant... dites-moi la vérité. J'ai beaucoup de choses à faire avant de mourir. — On ne risque jamais rien de se mettre en règle, répond tristement Bragelard. — Compris, dit Raoul en souriant... — Alors il nous raconte qu'il a perdu huit cent mille francs à la bourse d'hier...

ANNETTE.

Il jouait à la baisse?

LUCIEN.

Oui, et il y a eu un franc de hausse.

ANNETTE, à part.

Ah! je comprends.

LUCIEN.

Il se disposait tranquillement à se brûler la cervelle, quand Navarette arrive chez lui. Elle devine son dessein; elle se jette à ses pieds en pleurant: Tout ce que j'ai me vient de toi, reprends ton bien! — Et, nous disait Raoul, elle me suppliait avec de tels emportements de tendresse et d'éloquence que ma résolution se fondit, et j'acceptai, me promettant de tout lui rendre, et au delà, quand la fortune reviendrait à moi... Elle ne reviendra plus! ajouta-t-il avec un triste sourire... Saint-Julien et moi nous pleurions comme des enfants. — Que faire, cependant? reprit Raoul... elle a déjà engagé sa signature... la voilà sans ressources. L'instituer ma légataire universelle, c'est à peine acquitter ma dette d'argent... mais qui acquittera ma dette de cœur? Je veux au moins que la pauvre fille ait le droit de porter le deuil de l'homme qu'elle a tant aimé... Préparez tout, mes amis, pour un mariage *in extremis*, et faites vite, car je sens que j'ai peu de tempsà moi. — Nous l'avons laissé à sa porte avec Bragelard, et nous avons couru à la mairie. Quand les formalités furent remplies: — Embrasse-moi, me dit Raoul... Je te recommande ma veuve. — Je suis brisé.

TENANCIER.

Ne te désole pas; il y a dans ton récit plusieurs circonstances qui me donnent de l'espoir.

LUCIEN.

Hélas!

TENANCIER.

Mais, si ce pauvre diable en réchappe, ne se trouvera-t-il pas pris dans un sot mariage?

LUCIEN.

Personne ne le blâmera... il s'est conduit en homme de cœur!

ANNETTE.

Et Navarette a bien mérité l'honneur qu'elle reçoit.

TENANCIER.

Croyez-vous cependant qu'elle serait acceptée par votre monde?

ANNETTE.

C'est beaucoup dire... Ah! si M. d'Estrigaud en réchappait, si elle se présentait à son bras...

TENANCIER.

Il serait assez fort pour enfoncer les portes, n'est-ce pas?

ANNETTE.

Je le crois.

LUCIEN.

Et moi j'en suis sûr. Quel préjugé oserait s'élever contre une réparation si noblement méritée, si noblement offerte? Malheureusement nous n'en sommes pas là!

TENANCIER.

Nous y serons dans un mois.

LUCIEN.

Plût au ciel!

TENANCIER.

Une seule question : vous n'avez pas vu la blessure, n'est-ce pas?

LUCIEN.

Non... Raoul, qui se croyait d'abord atteint légèrement, nous avait priés de nous occuper du pauvre Cantenac.

TENANCIER.

Et quand vous êtes revenus vers lui, le premier appareil était posé?

LUCIEN.

Oui, et Bragelard nous dit à l'oreille que le coup avait porté dans la région du cœur.

TENANCIER.

Dans la région du cœur!... Je n'avais qu'un soupçon, voilà qui me fait une certitude.

ANNETTE.

Un soupçon?

TENANCIER.

Tout en écoutant ton récit pathétique, je me disais qu'il n'y a pas un coquin assez endurci pour mentir à l'article de la mort; or, ton prétendu mourant a fait un bel et bon mensonge quand il vous a dit que Navarette restait sans ressources : elle a encore deux millions.

LUCIEN.

Oh! pour celui-là, non! nous connaissons tous sa fortune...

TENANCIER.

Mieux que son notaire? Duperrou me disait, il n'y a pas trois jours, que la donzelle possède, avenue de Zurich, un hectare de terrains vagues acheté par elle à vingt sous le mètre il y a dix ans.

ANNETTE.

Eh bien! quand même il aurait menti, qu'est-ce que cela prouve contre l'affirmation du chirurgien?

TENANCIER.

Du neveu de Navarette? du protégé de d'Estrigaud, qui devient par là le neveu de son protecteur?

LUCIEN.

Tout ce que tu voudras... Si je n'ai pas vu la blessure, j'ai vu le coup...

TENANCIER.

L'épée a glissé sur une côte, sois-en sûr. Si elle avait pénétré dans la région du cœur, je te réponds que le sieur d'Estrigaud n'aurait pas riposté, et surtout qu'il ne se serait pas livré à la longue narration que tu nous a rapportée.

LUCIEN.

Voyons, voyons!... je ne sais plus où j'en suis... Il y aurait là une telle complication de gredinerie!

TENANCIER.

Quelle complication? M. le baron perd huit cent mille francs qu'il n'a pas; mademoiselle Navarette les paye pour lui; le mariage est la condition du payement, quoi de plus simple? — Reste à donner à ce joli marché une tournure romanesque pour ne pas être mis au ban de la société; un coup d'épée imprévu lui tombe du ciel, le renard s'en saisit...

LUCIEN.

Avec cette rapidité d'improvisation?

ANNETTE.

Toutes les qualités du grand général!

TENANCIER.

N'est-il pas resté cinq minutes seul avec son complice, M. Bragelard? Il est décidément très-fort, ton ami.

ANNETTE.

Il ne respecte pas plus les choses de la mort que celles de la vie.

TENANCIER.

Il est complet.

LUCIEN.

Pardieu! voilà une rude canaille!... et moi qui le pleurais!

TENANCIER.

Je gage qu'à l'heure qu'il est le mourant est en train de déjeuner en compagnie de ses deux acolytes.

LUCIEN.

Je vais lui porter du dessert.

TENANCIER.

Non! Laisse à mademoiselle Navarette le soin de venger les honnêtes gens. Le baron a mérité les galères, mais il y est, qu'il y reste. Quant à toi, tu vas faire ta malle et quitter Paris.

LUCIEN.

Pourquoi?

TENANCIER.

Il y a eu mort d'homme, et tu n'ignores pas la jurisprudence sur le duel.

LUCIEN.

Je n'y pensais plus, moi! diantre!

TENANCIER.

Tu nous attendras à Bâle, et nous irons tous passer l'hiver au lac de Côme, chez ta sœur. La vie de famille te fera du bien.

LUCIEN.

Quoi!... vous quitteriez pour moi...

TENANCIER.

N'aie pas de scrupules : Annette vient de recevoir une lettre de son régisseur, qui nécessite sa présence là-bas, et le voyage était décidé quand tu es entré.

LUCIEN.

Est-ce que vous emmenez... la sœur d'André?

TENANCIER.

Sans doute... si son frère y consent.

## SCÈNE III.

LES MÊMES, ANDRÉ.

TENANCIER.

Le voici justement. Nous parlions de ta sœur, mon cher André. Nous sommes obligés de partir ces jours-ci pour le lac de Côme, et nous nous demandions si tu voudrais nous confier Aline.

ANDRÉ, *très-froid.*

Vous êtes trop bon, monsieur. Je venais précisément vous dire que je n'entendais pas abuser plus longtemps pour elle de votre hospitalité. Je la reprends avec moi.

TENANCIER.

De quel air contraint tu nous dis cela! Aurait-elle à se plaindre de nous?

ANDRÉ.

Non, monsieur.

TENANCIER.

Eh bien, laisse-la-nous encore.

ANDRÉ.

Impossible!

TENANCIER.

Pourquoi?

ANDRÉ, *frémissant.*

Vous le demandez ?

TENANCIER.

Sans doute.

ANDRÉ, *se contenant.*

Mon Dieu! le monde est méchant, et la place d'une jeune fille pauvre n'est pas dans une maison où il y a un jeune homme riche. — Je lui ai annoncé ma résolution; elle rassemble ses effets ; je vais chercher une voiture, et nous vous ferons tout à l'heure nos adieux. (*Il salue et sort.*)

## SCÈNE IV.

LES MÊMES, *moins* ANDRÉ.

TENANCIER.

Que veut dire ce ton sec? Tu n'as rien fait qui puisse compromettre Aline, j'espère?

LUCIEN.

Non, mon père, non! je te le jure!

ANNETTE.

Ce n'est pas sa faute si ses amis se sont permis quelques plaisanteries de mauvais goût sur elle et lui.

TENANCIER.

Ah ! on s'est permis...

ANNETTE.

On a remarqué qu'il était beaucoup plus assidu dans la maison paternelle depuis l'installation de cette aimable fille...

TENANCIER.

Je l'ai remarqué moi-même.

ANNETTE.

Et les suppositions ont été leur train.

TENANCIER, à Lucien.

Tu n'as rien fait pour les arrêter?

LUCIEN.

J'ai fait ce que je devais; mais un malheureux quiproquo a ramené le nom d'Aline sur le tapis, et... tiens, père, écoute: je ne veux pas finir comme d'Estrigaud, je ne veux pas épouser une Navarette; mais je ne ferai jamais un mariage d'argent, n'espère pas me convertir là-dessus. Aline est compromise à cause de moi, sinon par moi; je sens que je l'aime; nous allons la quitter, je la trouverais peut-être mariée à mon retour et je ne m'en consolerais pas.

TENANCIER.

Mais...

LUCIEN, vivement.

Non! pas de *mais*, je t'en supplie! Elle est pauvre, qu'importe? je suis riche! D'ailleurs, je travaillerai. Je commence à être honteux de mon oisiveté à la d'Estrigaud. Je suis élève de l'École polytechnique après tout. Je suis bon à quelque chose...

TENANCIER.

Mais...

LUCIEN.

La compagnie du canal de Gibraltar est fondée ou peu s'en faut; je serai le lieutenant de ce brave André. C'est à prendre ou à laisser. Si tu me refuses Aline, je ne réponds plus de rien.

TENANCIER.

Mais, mon ami, je ne demande qu'à te la donner!

LUCIEN.

Vrai ?

TENANCIER.

Je te cherchais une dot, parce que je te voyais le cœur libre; mais, vive Dieu! les mariages d'amour sont les meilleurs. Et faut-il vous l'avouer? quand j'ai offert l'hospitalité à cette charmante enfant, ce n'était pas sans un vague espoir de ce qui arrive aujourd'hui!

LUCIEN.

Ah! brave père! (A Annette.) Vous aimerez bien votre petite sœur et vos neveux, madame la marquise?

ANNETTE.

Marquis toi-même! je les adorerai... Tâche de me donner des nièces... pour mes fils.

## SCÈNE V.

Les Mêmes, ALINE, son chapeau à la main.

TENANCIER.

Vous venez nous faire vos adieux, chère Aline?

ALINE.

Oui, monsieur, mon frère a besoin de moi pour tenir son petit ménage...

ANNETTE.

Et nous, ma chère Aline, nous partons tous pour le lac de Côme.

ALINE.

Vous partez... tous?

TENANCIER.

Tous.

ALINE.

Pour longtemps?

ANNETTE.

Nous ne savons pas... six mois, un an...

ALINE, vivement.

M. Lucien ne se marie donc pas? Pardon! c'est que mon frère a eu l'indiscrétion de me parler d'un projet...

TENANCIER.

N'êtes-vous pas de la famille? oui, j'espère que son mariage est très-prochain...

ALINE, tristement.

Ah! tant mieux!... Je fais des vœux bien sincères pour son bonheur.

ANNETTE.

Vous pouvez faire plus que des vœux.

ALINE.

Moi?

TENANCIER.

Nous voulions vous emmener avec nous...

ALINE.

Non! non! c'est impossible!

TENANCIER.

C'est ce que m'a répondu André. Il paraît que votre position dans ma maison est fausse. Mais il y a moyen de la rendre nette; je vous regardais comme ma fille; puisque cela ne suffit pas, voulez-vous être ma bru?

ALINE.

Votre?...

LUCIEN.

Je vous aime tendrement, Aline, et je ne veux pas d'autre femme que vous. Si mes méchantes fanfaronnades ne m'ont pas aliéné votre estime, voulez-vous m'aider à vivre en honnête homme?

## SCÈNE VI.

LES MÊMES, ANDRÉ.

ALINE, se jetant dans les bras d'André.

O mon frère! que je suis heureuse!

ANDRÉ.

Qu'arrive-t-il donc?

TENANCIER.

Monsieur Lagarde, j'ai l'honneur de vous demander la main de mademoiselle votre sœur pour mon fils.

ANDRÉ.

Pour votre fils!

ALINE, toujours dans les bras d'André et entrecoupant ses paroles de baisers.

Oui, oui, c'est vrai; tu peux le croire! Réjouis-toi de mon bonheur... Lucien m'aime... Dis-lui... dis-lui que je l'aime aussi.

LUCIEN.

O chère Aline! (Aline lui tend la main, il la presse en silence.)

ANDRÉ, à part.

Puis-je les séparer?

TENANCIER.

Hé bien, André, tu ne réponds pas?

ALINE.

C'est la joie qui lui ôte la parole, mon père.

ANDRÉ, à part.

Non, c'est impossible!

ANNETTE.

Nous attendons votre arrêt, monsieur André.

ANDRÉ.

Ah ! madame... pouvez-vous douter de... de ma reconnaissance... mais veuillez emmener ces jeunes gens, je vous prie. (Avec un sourire forcé.) Ne faut-il pas que dans tous les mariages les grands-parents parlent d'affaires ?

ANNETTE.

Même dans les mariages d'amour ?

ANDRÉ.

Oh ! nous ne serons pas longs... Emmenez-les, n'est-ce pas ?

ANNETTE, prenant le bras d'Aline.

Venez, petite sœur. Obéissez-lui pour la dernière fois... bientôt c'est à celui-ci que vous obéirez ; car, filles ou femmes, nous ne faisons que changer de maître !

ALINE.

Je n'en change pas ; j'en aurai deux au lieu d'un.

LUCIEN.

Et le second tâchera de ressembler au premier. (Ils sortent.)

## SCÈNE VII.

ANDRÉ, TENANCIER.

ANDRÉ, écoutant les pas s'éloigner, et revenant à Tenancier.

J'hésitais à briser le cœur de cette enfant ; mais en vous appelant *mon père* elle m'a rappelé à mon devoir et je viens vous dicter le vôtre. Vous allez prendre le refus sur vous.

TENANCIER.

Le refus ?

ANDRÉ.

C'est le moins que vous me deviez. Vous direz… ce que vous voudrez, que vous comptiez sur une dot, que sais-je ?

TENANCIER.

Pourquoi mentir ?

ANDRÉ, sombre.

Ce mariage est impossible, vous le savez bien.

TENANCIER.

Impossible ? Je te jure que rien ne s'y oppose, à ma connaissance.

ANDRÉ.

Rien ?… Mon père s'y oppose.

TENANCIER.

Ton père ?… Voyons, achève ! que sais-tu ? que crois-tu savoir ?

ANDRÉ.

Ne me forcez pas à m'expliquer… Ne voyez-vous pas que j'ai le rouge au front rien que d'y songer ?

TENANCIER.

Et moi, je veux que tu parles… pour l'honneur de ta mère, car je crois comprendre que tu calomnies cette mémoire sans tache.

ANDRÉ, lui donnant la lettre du quatrième acte.

Ne laissez donc pas traîner vos lettres.

TENANCIER, après y avoir jeté les yeux, va lentement à son bureau, prend le paquet de lettres et le tendant à André.

Lis les autres. (En détachant une.) Lis la dernière... lis donc !... tout haut !

ANDRÉ, lisant.

« Il est sauvé.

TENANCIER.

C'est de toi qu'il s'agit. Tu avais cinq ans, tu étais malade, en danger de mort. — Continue.

ANDRÉ, lisant.

« Les médecins l'avaient condamné, mais j'ai demandé « à Dieu sa grâce... la mienne ! avec une si ardente sup- « plication, qu'il me l'a rendu. » Ah ! malheureuse mère, tu n'as pas compris que c'était le châtiment !

TENANCIER.

Elle va te répondre elle-même.

ANDRÉ, lisant.

« Non, ce n'était pas le châtiment que m'envoyait le « Dieu de miséricorde, c'était le salut ! Le danger de « l'enfant a sauvé la mère. Le désespoir a passé sur mon « cœur : il en a chassé les rêveries et la vérité a tout à « coup resplendi devant moi. Ah ! quand la vie de ces « petits êtres est en question, comme tout ce qui n'est pas « eux nous paraît faux ! Comme nous prenons en pitié nos « révoltes contre notre destinée, nos ingratitudes envers « le bonheur ! Comme la chaîne de tous nos devoirs se « renoue impérieusement dans nos consciences ! — J'ai « mesuré d'un coup d'œil la profondeur de l'abîme vers « lequel nous allions glisser ; et pour rester digne de dis-

« puter mon André à la mort, j'ai fait un vœu que vous « respecterez, j'en suis sûre : j'ai fait vœu de ne plus vous « revoir. »

TENANCIER.

Et je ne l'ai plus revue. J'ai vendu la terre que j'avais près d'elle pour n'avoir même plus l'occasion de la rencontrer.

ANDRÉ.

Vous avez fait cela?

TENANCIER.

Oui, et Dieu m'est témoin que je l'aimais du plus profond de mon cœur... Mais achève.

ANDRÉ, lisant.

« Au chevet de mon fils mourant, auprès de son père « éperdu, j'ai senti que je suis indissolublement unie de « corps et d'âme à celui qui souffre avec moi, et je bénis « le ciel de pouvoir lui faire sans rougir ma confession « tout entière en revenant tout entière à lui. »

TENANCIER.

Elle la lui a faite et ton noble père m'a pardonné. Seras-tu plus sévère que lui? (André se jette dans ses bras en pleurant.) J'ai encore un remords sur la conscience : j'ai menti, j'ai dit que j'avais brûlé ces lettres... je n'avais pas le courage de m'en séparer, c'était tout ce qui me restait! (Il les jette au feu.) Garde la dernière et relis la souvent pour faire amende honorable à la sainte femme.

ANDRÉ.

Le danger de l'enfant avait sauvé la mère; le danger de la mère a sauvé l'enfant.

TENANCIER.

Que veux-tu dire?

ANDRÉ.

J'ai été bien près, moi aussi, d'une chute irrémédiable; mais... (Regardant la lettre ouverte.) le désespoir a passé sur mon cœur, la vérité a tout à coup resplendi devant moi, et la chaîne de tous mes devoirs s'est impérieusement renouée dans ma conscience. (Il baise la lettre.) Je vous raconterai cela plus tard. Allons retrouver vos enfants. (Ils sortent.)



FIN.

PARIS. — J. CLAYE, IMPRIMEUR, RUE SAINT-BENOIT, 7.

EXTRAIT DU CATALOGUE

DE

# MICHEL LÉVY

FRÈRES

**LIBRAIRES ÉDITEURS**

ET DE

# LA LIBRAIRIE NOUVELLE

---

Tous les ouvrages portés sur ce Catalogue sont expédiés *franco* (contre mandats ou timbres-poste), sans augmentation de prix, excepté les volumes à 1 fr. de la Collection Michel Lévy, auxquels il faut ajouter 25 cent. par volume

---

RUE VIVIENNE, 2 BIS
ET BOULEVARD DES ITALIENS, 15
AU COIN DE LA RUE DE GRAMMONT
PARIS
MARS – 1866

# NOUVEAUX OUVRAGES EN VENTE

**Format in-8**

M. GUIZOT f. c.

MÉDITATIONS SUR LA RELIGION CHRÉTIENNE. 1 vol. . . . . . . . . . 6 »

MÉMOIRES POUR SERVIR A L'HISTOIRE DE MON TEMPS. T. VII. 1 vol. . . 7 50

A. DE LAMARTINE

VIE DE CÉSAR. 1 vol. . . . . . . 5 »

VICTOR LE CLERC ET ERNEST RENAN

HISTOIRE LITTÉRAIRE DE LA FRANCE AU XIVe SIÈCLE. 2 vol. . . . . . 16 »

ALEXIS DE TOCQUEVILLE

ÉTUDES ÉCONOMIQUES, POLITIQUES ET LITTÉRAIRES (t. 9 des Œuv. complètes). 1 vol. . . . . . . . . 6 »

LE PRINCE L. CZARTORYSKI

ALEXANDRE Ier ET LE PRINCE CZARTORYSKI. Correspondance particulière et conversations publiées avec une introduction. 1 vol. . . . . . . . 7 50

MICHEL NICOLAS

ÉTUDES SUR LES ÉVANGILES APOCRYPHES 1 vol. . . . . . . . . . . . . . 7 50

J.-J. ROUSSEAU

J.-J. ROUSSEAU, ses amis et ses ennemis. Corresp. publ. par M. *Streckeisen-Moultou*, avec introd. de M. *Levallois* et une appréciat. crit. de M. *Sainte-Beuve*. 2 vol . . . 15 »

A. KUENEN

*Traduction A. Pierson*

HISTOIRE CRITIQUE DES LIVRES DE L'ANCIEN TESTAMENT, avec une préface *d'Ernest Renan*. 1re partie.— Livres historiques. 1 vol. . . . . 7 50

J. SALVADOR

JÉSUS-CHRIST ET SA DOCTRINE. Histoire de la Naissance de l'Église et de ses Progrès pendant le premier siècle. 2 vol. . . . . . . . . . . 15 »

LÉONCE DE LAVERGNE

LES ASSEMBLÉES PROVINCIALES SOUS LOUIS XVI. 1 vol. . . . . . . . 7 50

AD. FRANCK

RÉFORMATEURS ET PUBLICISTES DE L'EUROPE. Moyen-âge et renaissance. 1 vol. . . . . . . . . . 7 50

LORD MACAULAY

*Traduction Guillaume Guizot*

ESSAIS SUR L'HISTOIRE D'ANGLETERRE. 1 vol . . . . . . . . . . . . . . 6 »

L. DE VIEL-CASTEL

HISTOIRE DE LA RESTAURATION. tome VIII. 1 vol. . . . . . . . . 6 »

DUVERGIER DE HAURANNE

HISTOIRE DU GOUVERNEMENT PARLEMENTAIRE EN FRANCE 1814-8 Tome VII. 1 vol. . . . . . . . 7 50

**Format gr. in-18 à 3 fr. le vol.**

GEORGE SAND vol.

MONSIEUR SYLVESTRE. 1 vol. . . . . . 1

THÉOPHILE GAUTIER

LA BELLE JENNY. . . . . . . . . . 1

LA PEAU DE TIGRE. . . . . . . . . . 1

JULES NORIAC

MADEMOISELLE POUCET. . . . . . . . 1

L'AUTEUR DES HORIZONS PROCHAINS

CAMILLE . . . . . . . . . . . . . 1

HENRI RIVIÈRE

LE CACIQUE. . . . . . . . . . . . 1

ARSÈNE HOUSSAYE

LES AVENTURES GALANTES DE MARGOT . 1

CHARLES MONSELET

M. LE DUC S'AMUSE . . . . . . . . 1

FRANÇOIS SOLEIL . . . . . . . . . 1

MÉRY

LA VÉNUS D'ARLES. . . . . . . . . . 1

ÉDOUARD OURLIAC

THÉATRE DU SEIGNEUR CROQUIGNOLE. . 1

JEAN REBOUL (de Nîmes)

LETTRES avec introduction de *M. Poujoulat*. . . . . . . . . . . . . 1

H. BLAZE DE BURY

MEYERBEER ET SON TEMPS. . . . . 1

PROSPER MÉRIMÉE

*de l'Académie française*

LES COSAQUES D'AUTREFOIS. . . . . 1

CUVILLIER-FLEURY

ÉTUDES ET PORTRAITS. . . . . . . . 1

A. DE PONTMARTIN

NOUVEAUX SAMEDIS. (2e série). . . . . 1

EDGAR POE

*Traduction de Ch. Baudelaire*

HISTOIRES GROTESQUES ET SÉRIEUSES. . 1

C.-A. SAINTE-BEUVE

*de l'Académie française*

NOUVEAUX LUNDIS. Tome 5. . . . . . 1

HENRI HEINE

DRAMES ET FANTAISIES. . . . . . . . 1

ALEXANDRE DUMAS

THÉATRE COMPLET. Tome XIV et dernier. 1

**Format gr. in-18 à 2 fr. le vol.**

THACKERAY

*Traduction Amédée Pichot* vol.

MORGIANA. . . . . . . . . . . . . 1

ALEXANDRE DUMAS

LA SAN-FELICE. . . . . . . . . . . 9

SOUVENIRS D'UNE FAVORITE. . . . . . 4

EUGÈNE DE MIRECOURT

CONFESSIONS DE NINON DE LENCLOS. . 3

AURÉLIEN SCHOLL

LES AMOURS DE THÉATRE. 2e *édition*. 1

# OUVRAGES DIVERS

## Format in-8

f. c.

**J.-J. AMPÈRE**

CÉSAR. Scènes historiques. 1 vol. . 7 50

L'HISTOIRE ROMAINE A ROME, avec des plans topographiques de Rome à diverses époques. 2e *édit.* 4 vol. 30 »

L'EMPIRE ROMAIN A ROME (*S. presse*) 2 vol. . . . . . . . . . . . . . 15 »

MÉLANGES LITTÉRAIRES (*S. presse*) 2 v. 12 »

PROMENADE EN AMÉRIQUE. — États-Unis — Cuba — Mexique. 3e *édition*. 2 vol. . . . . . . 12 »

VOYAGE EN ÉGYPTE ET EN NUBIE (*Sous presse*). 1 vol. . . . . 7 50

***

MAD. LA DUCH. D'ORLÉANS. 6e *éd*. 1 v. 6 »

***

ALÉSIA. Étude sur la septième campagne de César en Gaule. Avec 2 cartes (Alise et Alaise). 1 vol. 6 »

***

LES TRAITÉS DE 1815. 1 vol. . . . . 3 »

***

L'ANGLETERRE, études sur le Self-Government. 1 vol. . . . . . . . . 5 »

**J. AUTRAN**

LE CYCLOPE, d'après Euripide. 1 vol. 3 »

LE POÈME DES BEAUX JOURS. 1 vol. . 5 »

**J. BARTHÉLEMY SAINT-HILAIRE**

LETTRES SUR L'ÉGYPTE. 1 vol. . . . 7 50

**L. BABAUD-LARIBIÈRE**

ÉTUDES HISTORIQUES ET ADMINISTRATIVES. 2 vol. . . . . . . . . . . 12 »

**L. BAUDENS**

*Memb. du conseil de santé des armées*

LA GUERRE DE CRIMÉE. — Les campements, les abris, les ambulances, les hôpitaux, etc. 1 vol. . . . . 6 »

**IS. BÉDARRIDE**

LES JUIFS EN FRANCE, EN ITALIE ET EN ESPAGNE. 2e *édition, revue et corrigée*. 1 vol. . . . . . . . 7 50

**LA PRINCESSE DE BELGIOJOSO**

ASIE-MINEURE ET SYRIE. Souvenirs de Voyage. 1 vol. . . . . . . . . . 7 50

HIST. DE LA MAISON DE SAVOIE. 1 v. 7 50

**J.-B. BIOT** *de l'Acad. des Sc. et de l'Ac. fr.*

ÉTUDES SUR L'ASTRONOMIE INDIENNE ET SUR L'ASTRONOMIE CHINOISE. 1 v. 7 50

MÉLANGES SCIENTIFIQUES ET LITTÉRAIRES. 3 vol. . . . . . . . . 22 50

**CORNELIUS DE BOOM**

UNE SOLUT. POLIT. ET SOCIALE. 1 vol. 6 »

**FRANÇOIS DE BOURGOING**

HISTOIRE DIPLOMATIQUE DE L'EUROPE PENDANT LA RÉVOL. FRANÇAISE. 1 v. 7 50

**LE PRINCE A. DE BROGLIE**

QUESTIONS DE RELIGION ET D'HISTOIRE. 2 vol. . . . . . . . . . . 15 »

**CAMOIN DE VENCE**

MAGISTRATURE FRANÇAISE, son action et son influence sur l'état de la société aux diverses époques. 1 vol. 6 »

**AUGUSTE CARLIER**

DE L'ESCLAVAGE dans ses rapports avec l'Union américaine. 1 vol. . 6 »

HISTOIRE DU PEUPLE AMÉRICAIN. — États-Unis — et de ses rapports avec les Indiens. 2 vol. . . . . 12 »

**T. COLANI**

JÉSUS-CHRIST ET LES CROYANCES MESSIANIQUES DE SON TEMPS. 2e *édit. revue et augmentée*. 1 vol. . . 4 »

**J. COHEN**

LES DÉICIDES. Examen de la Vie de Jésus et des développements de l'Église chrétienne dans leurs rapports avec le judaïsme. 2e *édit. revue, corrigée et considérablement augmentée*. 1 vol. . . . . 6 »

**A. DE COSTER**

LÉGENDES FLAMANDES. 1 vol. . . . 6 »

**J.-J. COULMANN**

RÉMINISCENCES. 2 vol. . . . . . . . 10 »

**VICTOR COUSIN** *de l'Acad. française*

PHILOSOPHIE DE KANT. 1 vol. . . . 5 »

PHILOSOPHIE ÉCOSSAISE. 1 vol. . . 5 »

**J. CRÉTINEAU-JOLY**

LE PAPE CLÉMENT XIV, seconde et dernière lettre au Père Theiner. 1 vol. 3 »

**A. BEN-BARUCH CRÉHANGE**

LES PSAUMES, traduct. nouv. 1 vol. 10 »

**LE PRINCE L. CZARTORYSKI**

ALEXANDRE Ier ET LE PRINCE CZARTORYSKI. Correspondance particulière et conversations, publiées avec une Introduction. 1 vol. . . 7 50

**LE GÉNÉRAL E. DAUMAS**

LE GRAND DÉSERT : Itinéraire d'une Caravane du Sahara au pays des Nègres (royaume de Haoussa), suivi d'un Vocabulaire d'histoire naturelle et du code de l'esclavage chez les musulmans, avec une carte coloriée. *Nouv. édition*. 1 vol. . 6 »

**MARIA DERAISME**

LE THÉATRE CHEZ SOI. 1 vol. . . . . 6 »

**CH. DESMAZE**

LE PARLEMENT DE PARIS. 1 vol. . . 5 »

**CAMILLE DOUCET**

COMÉDIES EN VERS. 2 vol . . . . . . 12 »

**MAXIME DU CAMP**

LES CONVICTIONS. 1 vol. . . . . . . 5 »

**A. DU CASSE**

DU SOIR AU MATIN. Scènes de la vie militaire. 1 vol. . . . . . . . 5 »

**Mme DU DEFFAND**

CORRESPONDANCE COMPLÈTE AVEC LA DUCHESSE DE CHOISEUL, L'ABBÉ BARTHÉLEMY ET M. CRAUFURT. Nouvelle édition, revue et augmentée, précédée d'une introduction par *M. de Sainte-Aulaire*. 3 vol. . . . . 22 50

**DUMONT DE BOSTAQUET**

MÉMOIRES INÉDITS, publiés par *Ch. Read et Fr. Waddington*. 1 v. 7 50

**CHARLES DUVEYRIER**

L'AVENIR ET LES BONAPARTE. 1 vol. . 6 »

**DUVERGIER DE HAURANNE**

HISTOIRE DU GOUVERNEMENT PARLEMENTAIRE EN FRANCE (1814-1848). 7 vol. . . . . . . . . . . . . 52 50

| | f. c. |
|---|---|
| **LE BARON ERNOUF** | |
| HIST. DE LA DERNIÈRE CAPITULATION DE PARIS. Événem. de 1815. 1 vol. | 6 » |
| **LE PRINCE EUGÈNE** | |
| MÉMOIRES ET CORRESPONDANCE POLITIQUE ET MILITAIRE, publiés par *A. Du Casse*. 10 vol. | 60 » |
| **J. FERRARI** | |
| HISTOIRE DE LA RAISON D'ÉTAT. 1 v. | 7 50 |
| **GUSTAVE FLAUBERT** | |
| SALAMMBO. 4e *édition*. 1 vol. | 6 » |
| **A. DE FLAUX** | |
| SONNETS. 1 vol. | 5 » |
| **LE COMTE DE FORBIN** | |
| CHARLES BARIMORE. *N. édition*. 1 vol. | 3 » |
| **AD. FRANCK** *de l'Institut* | |
| ÉTUDES ORIENTALES. 1 vol. | 7 50 |
| RÉFORMATEURS ET PUBLICISTES DE L'EUROPE. Moyen-âge et Renaiss. 1 vol. | 7 50 |
| **G. GANESCO** | |
| DIPLOMATIE ET NATIONALITÉ. 1 vol. | 2 » |
| **Cte AG. DE GASPARIN** *anc. député*. | |
| L'AMÉRIQUE DEVANT L'EUROPE. 1 vol. | 6 » |
| UN GRAND PEUPLE QUI SE RELÈVE, LES ÉTATS-UNIS EN 1861. 1 vol. | 5 » |
| **G. G. GERVINUS** *Trad. J.-F. Minssen et L. Syouk* | |
| INSURRECTION ET RÉGÉNÉRATION DE LA GRÈCE. 2 vol. | 15 » |
| **ÉMILE DE GIRARDIN** | |
| QUESTIONS DE MON TEMPS. 12 vol. | 72 » |
| **ÉDOUARD GOURDON** | |
| HISTOIRE DU CONGRÈS DE PARIS. 1 vol. | 5 » |
| **ERNEST GRANDIDIER** | |
| VOYAGE DANS L'AMÉRIQUE DU SUD. 1 v. | 5 » |
| **F. GUIZOT** | |
| LA CHINE ET LE JAPON, par *Laurence Oliphant*. Trad. nouv. 2 v. | 12 » |
| L'ÉGLISE ET LA SOCIÉTÉ CHRÉTIENNES EN 1861. 4e *édition*. 1 vol. | 5 » |
| HISTOIRE DE LA FONDATION DE LA RÉPUBLIQUE DES PROVINCES-UNIES, par *J. Lothrop Motley*, trad. nouvelle, précédée d'une grande introduction (l'*Espagne et les Pays-Bas aux* XVIe *et* XIXe *siècles*). 4 vol. | 24 » |
| HISTOIRE PARLEMENTAIRE DE FRANCE. Recueil complet des discours de M. Guizot dans les Chambres, de 1819 à 1848, accompagnés de résumés historiques et précédés d'une introduction ; formant le complément des *Mémoires pour servir à l'histoire de mon temps*. 5 vol. | 37 50 |
| MÉDITATIONS SUR L'ESSENCE DE LA RELIGION CHRÉTIENNE. 1 vol. | 6 » |
| MÉDITATIONS SUR L'ÉTAT ACTUEL DE LA RELIGION CHRÉTIENNE. 1 vol. | 6 » |
| MÉMOIRES pour servir à l'histoire de mon temps. 2e *édition*. 7 vol. | 52 50 |
| LE PRINCE ALBERT, son caractère et ses discours, traduit par ***, et précédé d'une préface. 1 vol. | 6 » |
| WILLIAM PITT ET SON TEMPS, par *lord Stanhope*, traduction précédée d'une introduction 4 vol. | 24 » |
| **ROBERT HOUDIN** | |
| TRICHERIES DES GRECS DÉVOILÉES. 1 v. | 5 » |
| **ARSÈNE HOUSSAYE** | |
| MADEMOISELLE CLÉOPATRE. 7e *éd*. 1 v. | 6 » |

| | f. c. |
|---|---|
| **VICTOR HUGO** | |
| LA LÉGENDE DES SIÈCLES. 2 vol. | 15 » |
| **VICTOR JACQUEMONT** | |
| CORRESPONDANCE INÉDITE AVEC SA FAMILLE, SES AMIS ET LES PROFESSEURS DU MUSÉUM D'HISTOIRE NATURELLE, PENDANT SES VOYAGES A SAINT-DOMINGUE ET DANS L'INDE, 1825-1832, précédée d'une notice biographique par *Victor Jacquemont neveu*, et d'une introduction de *Prosper Mérimée*. 2 vol. | 12 » |
| **PAUL JANET** | |
| PHILOSOPHIE DU BONHEUR. 2e *édition*. 1 vol. | 7 50 |
| **JULES JANIN** | |
| LES GAÎTÉS CHAMPÊTRES. 2 vol. | 12 » |
| LA RELIGIEUSE DE TOULOUSE. 2 vol. | 12 » |
| **ALPHONSE JOBEZ** | |
| LA FEMME ET L'ENFANT. 1 vol. | 5 » |
| *** | |
| ÉTUDES SUR LA MARINE : L'escadre de la Méditerranée. — La Question chinoise. — La Marine à vapeur dans les guerres continentales. 1 vol. | 7 50 |
| **A. KUENEN** — *Trad. A. Pierson* | |
| HISTOIRE CRITIQUE DES LIVRES DE L'ANCIEN TESTAMENT, avec une préface par *Ernest Renan*. 1re part. LIVRES HISTORIQUES. 1 vol. | 7 50 |
| **LAMARTINE** | |
| GENEVIÈVE. Hist. d'une Servante. 1 vol. | 5 » |
| NOUVELLES CONFIDENCES. 1 vol. | 5 » |
| TOUSSAINT LOUVERTURE. 1 vol. | 5 » |
| VIE D'ALEXANDRE-LE-GRAND. — 2 vol. | 10 » |
| VIE DE CÉSAR. 1 vol. | 5 » |
| **CHARLES LAMBERT** | |
| L'IMMORTALITÉ SELON LE CHRIST. 1 v. | 7 50 |
| LE SYSTÈME DU MONDE MORAL. 1 vol. | 7 50 |
| **DE LAROCHEFOUCAULD** (duc de Doudeauville) | |
| MÉMOIRES. 15 vol. | 112 50 |
| **JULES DE LASTEYRIE** | |
| HISTOIRE DE LA LIBERTÉ POLITIQUE EN FRANCE. 1re *Partie*. 1 vol. | 7 50 |
| **DE LATENA** | |
| ÉTUDE DE L'HOMME. 3e *édit*. 1 vol. | 7 50 |
| **LÉONCE DE LAVERGNE** | |
| LES ASSEMBLÉES PROVINCIALES SOUS LOUIS XVI. 1 vol. | 7 50 |
| **JULES LE BERQUIER** | |
| LA COMMUNE DE PARIS. 1 vol. | 3 » |
| **VICTOR LE CLERC ET ERNEST RENAN** | |
| HISTOIRE LITTÉRAIRE DE LA FRANCE AU XIVe SIÈCLE. 2 vol. | 16 » |
| **CHARLES LENORMANT** | |
| BEAUX-ARTS ET VOYAGES, précédés d'une lettre de *M. Guizot*. 2 vol. | 15 » |
| **L. DE LOMÉNIE** | |
| BEAUMARCHAIS ET SON TEMPS. Études sur la Société en France au XVIIIe siècle, d'après des documents inédits. 2e *édition*. 2 vol. | 15 » |
| **LORD MACAULAY** *Traduction G. Guizot* | |
| ESSAIS HIST. ET BIOGRAPHIQUES. 2 v. | 12 » |
| —POLIT. ET PHILOSOPHIQUES. 1 vol. | 6 » |
| —LITTÉRAIRES. 1 vol. | 6 » |
| —SUR L'HIST. D'ANGLETERRE. 1 vol. | 6 » |

f. c.

**JOSEPH DE MAISTRE**

CORRESPONDANCE DIPLOMATIQUE (1811-1817), publiée par *A. Blanc*. 2 vol. 15 »

MÉMOIRES POLITIQUES ET CORRESPONDANCE DIPLOMATIQUE, avec explications, etc., par *Albert Blanc*. 1 v. 6 »

**LE COMTE DE MARCELLUS**

CHATEAUBRIAND ET SON TEMPS. 1 vol. 7 50

LES GRECS ANCIENS ET LES GRECS MODERNES. Études littér. 1 vol. . 7 50

SOUVENIRS DIPLOMATIQUES. Correspondance intime de M. de Chateaubriand. *Nouv. édition*. 1 vol. . 5 »

VINGT JOURS EN SICILE. 1 vol. . . . 5 »

**J. MARTIN PASCHOUD**

LIBERTÉ, VÉRITÉ, CHARITÉ. 1/2 vol. . 2 »

**LE DOCTEUR FÉLIX MAYNARD**

SOUVENIRS D'UN ZOUAVE DEVANT SÉBASTOPOL. 2 vol. . . . . . . . . 6 »

**J.-H. MERLE D'AUBIGNÉ**

HISTOIRE DE LA RÉFORMATION EN EUROPE AU TEMPS DE CALVIN. 3 vol. 22 50

**MÉRY**

NAPOLÉON EN ITALIE. Poëme. 1 vol. . 5 »

**LE COMTE MIOT DE MELITO**

*Ancien ambassadeur, ministre, conseiller d'État et membre de l'Institut*

SES MÉMOIRES, publiés par sa famille (1788-1815). 3 vol. . . . . . . 18 »

**Mme A. MOLINOS-LAFITTE**

SOLITUDES. 2e *édition*. 1 vol. . . 5 »

**LE COMTE DE MONTALIVET**

LE ROI LOUIS-PHILIPPE (liste civile). *Nouv. édit., entièrement revue et considér. augm. de notes, pièces, etc., avec portrait et fac-simile du roi, le plan du château de Neuilly*. 1 v. 6 »

**MORTIMER-TERNAUX**

HISTOIRE DE LA TERREUR. (1792-1794), d'après des documents authentiques et inédits. Tome I à IV. 4 vol. 24 »

**LE BARON DE NERVO**

LES BUDGETS DE LA FRANCE ET DE L'ANGLETERRE. 1 vol. . . . . . . 7 50

LES FINANCES FRANÇAISES SOUS L'ANCIENNE MONARCHIE, LA RÉPUBLIQUE, LE CONSULAT ET L'EMPIRE. 2 vol. . 15 »

LES FINANCES FRANÇAISES SOUS LA RESTAURATION. 1 vol. . . . . . . 7 50

**MICHEL NICOLAS**

DES DOCTRINES RELIGIEUSES DES JUIFS pendant les deux siècles antérieurs à l'Ère chrétienne. 1 vol. . . . . 7 50

ESSAIS DE PHILOSOPHIE ET D'HISTOIRE RELIGIEUSE. 1 vol. . . . . . . . 7 50

ÉTUDES CRITIQUES SUR LA BIBLE. Ancien Testament. 1 vol. . . . . . 7 50

ÉTUDES CRITIQUES SUR LA BIBLE. Nouveau Testament. 1 vol. . . . . 7 50

ÉTUDES SUR LES ÉVANGILES APOCRYPHES. 1 vol. . . . . . . . . . . 7 50

**CHARLES NISARD**

LES GLADIATEURS DE LA RÉPUBLIQUE DES LETTRES. 2 vol. . . . . . . 15 »

**CASIMIR PERIER**

LES FINANCES DE L'EMPIRE. 1/2 vol. . 1 »

LES FINANCES ET LA POLITIQUE. 1 vol. 5 »

LE TRAITÉ AVEC L'ANGLETERRE. 2e *édit. rev. et augm.* 1/2 vol. . 1 50

f. c.

**GEORGES PERROT**

SOUVENIRS D'UN VOYAGE EN ASIE-MINEURE. 1 vol. . . . . . . . . . 7 50

**A. PEYRAT**

HISTOIRE ÉLÉMENTAIRE ET CRITIQUE DE JÉSUS, 3e *édition*. 1 vol. . . . 7 50

**A. PHILIPPE**

ROYER-COLLARD. Sa vie publique, sa vie privée, sa famille. 1 vol. . . 5 »

**L'ABBÉ PIERRE**

CONSTANTINOPLE, JÉRUSALEM ET ROME, *avec un plan de Jérusalem et une carte des côtes orientales de la Méditerranée*. 2 vol. . . . . . . 15 »

**LE COMTE DE PONTÉCOULANT**

SOUVENIRS HISTORIQUES ET PARLEMENTAIRES, extraits de ses papiers et de sa corresp. (1764-1848). 4 vol. 24 »

**PREVOST-PARADOL**

ÉLISABETH ET HENRI IV (1595-1598). 2e *édition*. 1 vol. . . . . . . . 6 »

ESSAIS DE POLITIQUE ET DE LITTÉRATURE. 2e *édition*. 1 vol. . . 7 50

NOUVEAUX ESSAIS DE POLITIQUE ET DE LITTÉRATURE. 1 vol. . . . . . . 7 50

ESSAIS DE POLITIQUE ET DE LITTÉRATURE. 3e série. 1 vol. . . . . . 7 50

**EDGAR QUINET**

HISTOIRE DE LA CAMPAGNE DE 1815. 1 vol. *avec une carte*. . . . . . 7 50

MERLIN L'ENCHANTEUR. 2 vol. . . 15 »

**Mme RÉCAMIER**

SOUVENIRS ET CORRESPONDANCE tirés de ses papiers. 3e *édition*. 2 vol. 15 »

COPPET ET WEIMAR — MADAME DE STAEL ET LA GRANDE-DUCHESSE LOUISE. Récits et Correspondances, par l'auteur des *Souvenirs de Madame Récamier*. 1 vol. . . 7 50

**CH. DE RÉMUSAT** *de l'Acad. française*

POLITIQUE LIBÉRALE, ou Fragments pour servir à la défense de la révolution française. 1 vol. . . . . . 7 50

**ERNEST RENAN**

LES APÔTRES. 1 vol. . . . . . . . 7 50

AVERROÈS ET L'AVERROÏSME, essai historique. 2e *édition*. 1 vol. . . . 7 50

LE CANTIQUE DES CANTIQUES, traduit de l'hébreu, avec une étude sur le plan, l'âge et le caractère du poëme. 2e *édition*. 1 vol. . . . . . . . 6 »

LA CHAIRE D'HÉBREU AU COLLÉGE DE FRANCE. 3e *édit.* Brochure. . . . 1 »

DE L'ORIGINE DU LANGAGE. 4e *édition*. 1 vol. . . . . . . . . . . . . . . 6 »

DE LA PART DES PEUPLES SÉMITIQUES DANS L'HISTOIRE DE LA CIVILISATION. 5e *édit.* Brochure. . 1 »

ESSAIS DE MORALE ET DE CRITIQUE. 2e *édition*. 1 vol. . . . . . . . . 7 50

ÉTUDES D'HISTOIRE RELIGIEUSE. 6e *édition*. 1 vol. . . . . . . . . 7 50

HISTOIRE GÉNÉRALE DES LANGUES SÉMITIQUES. 4e *édition revue et augmentée*. 1 vol . . . . . . . . 12 »

HISTOIRE LITTÉRAIRE DE LA FRANCE AU XIVe SIÈCLE. 2 vol. . . . . . 16 »

LE LIVRE DE JOB, traduit de l'hébreu, avec une étude sur l'âge et le caractère du poëme. 3e *édition*. 1 vol. 7 50

**ERNEST RENAN** (*Suite*) f. c.

VIE DE JÉSUS. *12e édition.* 1 vol. . . 7 50

**D. JOSÉ GUELL Y RENTÉ**

CONSIDÉRATIONS POLITIQUES ET LITTÉRAIRES. 1 vol. . . . . . . . . . . 5 »

PENSÉES CHRÉTIENNES, POLITIQUES ET PHILOSOPHIQUES. 1 vol. . . . 5 »

**LOUIS REYBAUD** *de l'Institut*

ÉCONOMISTES MODERNES. 1 vol. . . 7 50

ÉTUDES SUR LE RÉGIME DES MANUFACTURES. — La soie. 1 vol. . . 7 50

LE COTON. Son régime, ses problèmes, son influence en Europe. 1 vol. 7 50

LA LAINE. 3e série des *Études sur le régime des manufactures.* 1 vol. 7 50

**LE COMTE R. R.**

LA JUSTICE ET LA MONARCHIE POPULAIRE. *1re partie :* La Guerre d'Orient. 1 vol. . . . . . . . . 3 »

**H. RODRIGUES**

LES TROIS FILLES DE LA BIBLE.
1re aux Israélites. Brochure. . . 1 »
2e aux Israélites — 3e aux Chrétiens — 4e aux Protestants. 1 vol. 5 »
5e aux Philosophes. 1 vol. . . . 2 »
6e aux Mahométans — 7e spéciale aux Catholiques. 1 vol. . . . . 3 »

**J.-J. ROUSSEAU**

ŒUVRES ET CORRESPONDANCE INÉDITES, publiées par *M. Streckeisen-Moulton.* 1 vol. . . . . . . 7 50

J.-J. ROUSSEAU, SES AMIS ET SES ENNEMIS. Corresp. publ. par *M. Streckeisen-Moulton*, avec introd. de *M. J. Levallois* et une appréciat. crit. de *M. Sainte-Beuve.* 2 vol. 15 »

**LE MARÉCHAL DE SAINT-ARNAUD**

LETTRES avec pièces justificatives. *2e édit.*; une notice de *M. Sainte-Beuve.* 2 vol. ornés du portrait et d'un autographe. . . . . . . . 12 »

**SAINTE-BEUVE** *de l'Acad. française*

POÉSIES COMPLÈTES — JOSEPH DELORME — LES CONSOLATIONS — PENSÉES D'AOUT. *N. édition.* 2 vol. 10 »

**SAINT-MARC GIRARDIN** *de l'Acad. fr.*

SOUVENIRS ET RÉFLEXIONS POLITIQUES D'UN JOURNALISTE. 1 vol. . . 7 50

LA FONTAINE ET LES FABULISTES. 2 vol. 15 »

**SAINT-RENÉ TAILLANDIER**

ÉTUDES SUR LA RÉVOLUTION EN ALLEMAGNE. 2 vol. . . . . . . . . . 15 »

MAURICE DE SAXE. Étude historique d'après des documents inédits. 1 vol. 7 50

**J. SALVADOR**

HISTOIRE DES INSTITUTIONS DE MOÏSE ET DU PEUPLE HÉBREU. *3e édition, revue et augmentée.* 2 vol. . 15 »

JÉSUS-CHRIST ET SA DOCTRINE. Histoire de la naissance de l'Église et de ses progrès pendant le premier siècle. *Nouv. édit. augment.* 2 v. 15 »

PARIS, ROME, JÉRUSALEM. Question religieuse au XIXe siècle. 2 vol. . 15 »

**MAURICE SAND**

RAOUL DE LA CHASTRE. 1 vol. . . . 6 »

**SANTIAGO ARCOS**

LA PLATA. Étude historique. 1 vol. 10 »

**EDMOND SCHERER** f. c.

MÉLANGES D'HISTOIRE RELIGIEUSE. 1 v. 7 50

**DE SÉNANCOUR**

RÊVERIES. *3e édition.* 1 vol. . . 5 »

**JAMES SPENCE**

L'UNION AMÉRICAINE. 1 vol. . . . . 6 »

**A. DE TOCQUEVILLE**

ŒUVRES COMPLÈTES

L'ANCIEN RÉGIME ET LA RÉVOLUTION. *4e édition.* 1 vol. . . . . . . . 7 50

DE LA DÉMOCRATIE EN AMÉRIQUE. *Nouvelle édition.* 3 vol. . . . . 18 »

ÉTUDES ÉCONOMIQUES, POLITIQUES ET LITTÉRAIRES. 1 vol. . . . . . . . . 6 »

MÉLANGES. Fragments historiques et Notes. 1 vol. . . . . . . . . . 6 »

ŒUVRES ET CORRESPONDANCE INÉDITES. Introd. de *M. G. de Beaumont* 2 v. 15 »

NOUVELLE CORRESPONDANCE, entièrement inédite. 1 vol. . . . . . . . 6 »

**E. DE VALBEZEN**

LES ANGLAIS ET L'INDE, avec notes, etc. *3e édition.* 1 vol. . . . . . . 7 50

**OSCAR DE VALLÉE**

ANTOINE LEMAISTRE ET SES CONTEMPORAINS. *2e édition.* 1 vol. . 7 50

LE DUC D'ORLÉANS ET LE CHANCELIER D'AGUESSEAU. 1 vol. . . . . 7 50

**LE DUC DE VALMY**

LE PASSÉ ET L'AVENIR DE L'ARCHITECTURE. 1 vol. . . . . . . . . . 5 »

**PAUL VARIN**

EXPÉDITION DE CHINE. 1 vol. . . . 5 »

**LE DOCTEUR L. VÉRON**

QUATRE ANS DE RÈGNE. OU EN SOMMES-NOUS? 1 vol. . . . . . . 5 »

**LOUIS DE VIEL-CASTEL**

HISTOIRE DE LA RESTAURATION. 8 vol. 48 »

**ALFRED DE VIGNY** *de l'Acad. franç.*

ŒUVRES COMPLÈTES (nouvelle édition)

CINQ-MARS. Avec autographes de Richelieu et de Cinq-Mars. 1 vol. . . 5 »

LES DESTINÉES. Poëmes philos. 1 vol. 6 »

POÉSIES COMPLÈTES. 1 vol. . . . . . 5 »

SERVITUDE ET GRANDEUR MILITAIRES. 1 vol. . . . . . . . . . . . . . 5 »

STELLO. 1 vol. . . . . . . . . . . . 5 »

THÉATRE COMPLET. 1 vol. . . . . . 5 »

**VILLEMAIN** *de l'Académie française*

LA TRIBUNE MODERNE :
1re PARTIE. — M. DE CHATEAUBRIAND, sa vie, ses écrits, son influence litt. polit. sur son temps. 1 v. 7 50
2e PARTIE (*Sous presse*). 1 vol. 7 50

**L. VITET** *de l'Académie française*

L'ACADÉMIE ROYALE DE PEINTURE ET DE SCULPTURE. Étude hist. 1 vol. 6 »

LE LOUVRE. Étude historique, *revue et augmentée* (*Sous pr.*). 1 vol. 6 »

**CORNELIS DE WITT**

L'ANGLETERRE POLITIQUE ET RELIGIEUSE (1815-1860). 2 vol. . . 12 »

HISTOIRE CONSTITUTIONNELLE DE L'ANGLETERRE (1760-1860) par *Thomas Erskine May*, traduite et précédée d'une introduction. 2 vol. . . . 12 »

**LE RÉV. CHRISTOPHER WORDSWORT**

DE L'ÉGLISE ET DE L'INSTRUCTION PUBLIQUE EN FRANCE. 1 vol. . . . . 5 »

# BIBLIOTHÈQUE CONTEMPORAINE

## ET COLLECTION DE LA LIBRAIRIE NOUVELLE

**Format grand in-18 à 3 francs le volume**

EDMOND ABOUT — vol.
LETTRES D'UN BON JEUNE HOMME A SA COUSINE. 2e *édition*. . . . . 1
DERNIÈRES LETTRES D'UN BON JEUNE HOMME A SA COUSINE . . . . . . . 1

AMÉDÉE ACHARD
LA CHASSE ROYALE. . . . . . . . . . 2
LES CHATEAUX EN ESPAGNE. . . . . . 1
LES PETITS-FILS DE LOVELACE . . . . 1
LES RÊVEURS DE PARIS. . . . . . . . 1

ALARCON
THÉATRE, traduit par *Alph. Royer*. . 1

***
LES ZOUAVES ET LES CHASSEURS A PIED. 1

***
VARIA.-Morale.-Politique.-Littérature. 5

***
UN MARI EN VACANCES. . . . . . . . 1

ALFRED ASSOLLANT
D'HEURE EN HEURE . . . . . . . . . 1
GABRIELLE DE CHÊNEVERT. . . . . . . 1

ALBERT AUBERT
LES ILLUSIONS DE JEUNESSE DE M. BOUDIN. 1

XAVIER AUBRYET
LES JUGEMENTS NOUVEAUX . . . . . . 1

L'AUTEUR *de Mme la duch. d'Orléans*
VIE DE JEANNE D'ARC. 2e *édition* . 1

L'AUTEUR *des Etudes sur la marine*
GUERRE D'AMÉRIQUE. Campagne du Potomac. . . . . . . . . . . . 1

L'AUTEUR du *Vaste Monde*
ÉLÉONORE POWLE. . . . . . . . . . . 2

J. AUTRAN
ÉPÎTRES RUSTIQUES . . . . . . . . . 1
LABOUREURS ET SOLDATS. 2e *édition*. 1
LES POÈMES DE LA MER. *Nouv. édition*. 1

LE Cte CÉSAR BALBO *Trad. J. Amigues*
HISTOIRE D'ITALIE. 2e *édition*. . . . 2

CH. BARBARA
HISTOIRES ÉMOUVANTES . . . . . . . 1

J. BARBEY D'AUREVILLY
LE CHEVALIER DES TOUCHES . . . . . 1
LES PROPHÈTES DU PASSÉ . . . . . . 1

ALEX. BARBIER
LETTRES FAMILIÈRES SUR LA LITTÉRATURE. 1

J. BARTHÉLEMY SAINT-HILAIRE
LETTRES SUR L'ÉGYPTE. 2e *édition*. 1

CH. BATAILLE — E. RASETTI — vol.
ANTOINE QUÉRARD. Drames de Village. 2

L. BAUDENS
LA GUERRE DE CRIMÉE. Les Campements, les Abris, les Ambulances, les Hôpitaux, etc. 2e *édition* . . 1

GUSTAVE DE BEAUMONT
L'IRLANDE SOCIALE, POLIT. ET RELIGIEUSE. 7e *édit., rev. et corrigée*. . . . . . 2

ROGER DE BEAUVOIR
DUELS ET DUELLISTES . . . . . . . . 1
LES MEILLEURS FRUITS DE MON PANIER . 1

LA PRINCESSE DE BELGIOJOSO
ASIE-MINEURE ET SYRIE. — Souvenirs de voyage. *Nouvelle édition* . . . . 1
SCÈNES DE LA VIE TURQUE. . . . . . . 1
NOUV. SCÈNES DE LA VIE TURQUE. (*S.p.*) 1

GEORGES BELL
VOYAGE EN CHINE . . . . . . . . . . 1

LE Mis DE BELLOY *traducteur*
THÉATRE COMPLET DE TÉRENCE (*Trad.*) 1

HECTOR BERLIOZ
A TRAVERS CHANTS. . . . . . . . . . 1
LES GROTESQUES DE LA MUSIQUE. . . . 1
LES SOIRÉES DE L'ORCHESTRE. 2e *édit*. 1

CH. DE BERNARD
L'ÉCUEIL. . . . . . . . . . . . . . 1
LE NŒUD GORDIEN. . . . . . . . . . 1
NOUVELLES ET MÉLANGES. . . . . . . 1
LA PEAU DU LION ET LA CHASSE AUX AMANTS . . . . . . . . . . . . . 1
POÉSIES ET THÉATRE. . . . . . . . . 1

PIERRE BERNARD
LA BOURSE ET LA VIE. . . . . . . . . 1

EUGÈNE BERTHOUD
UN BAISER MORTEL. 2e *édition*. . . . 1
SECRETS DE FEMME. 2e *édition* . . . 1

CAROLINE BERTON
LE BONHEUR IMPOSSIBLE . . . . . . . 1

CAMILLE BIAS
DIRE ET FAIRE . . . . . . . . . . . 1

H. BLAZE DE BURY
LES AMIES DE GŒTHE (*Sous presse*). . 1
LE CHEVALIER DE CHASOT. Mémoires du temps de Frédéric-le-Grand . . . 1
ÉCRIVAINS ET POÈTES DE L'ALLEMAGNE . 1
ÉPISODE DE L'HISTOIRE DU HANOVRE. Les Kœnigsmark . . . . . . . . . 1
MEYERBEER ET SON TEMPS. . . . . . . 1
MUSICIENS CONTEMPORAINS . . . . . . 1
INTERMÈDES ET POÈMES. . . . . . . . 1
SOUVENIRS ET RÉCITS DES CAMPAGNES D'AUTRICHE. . . . . . . . . . . 1

**A. DESBARROLLES** vol.

VOYAGE D'UN ARTISTE EN SUISSE A 3 FR. 50 C. PAR JOUR. 3e *édition*. . 1

**ÉMILE DESCHANEL**

CAUSERIES DE QUINZAINE. . . . . . 1
CHRISTOPHE COLOMB ET VASCO DE GAMA. 2e *édition* . . . . . . . . . . . 1

**DESSERTEAUX** *traducteur*

ROLAND FURIEUX. *de l'Arioste* . . . . 1

**PASCAL DORÉ**

LE ROMAN DE DEUX JEUNES FILLES . . . 1

**MAXIME DU CAMP**

EXPÉDITION DE SICILE. Souvenirs. . 1

**J.-A. DUCONDUT**

ESSAI DE RHYTHMIQUE FRANÇAISE . . . 1

**E. DUFOUR**

LES GRIMPEURS DES ALPES (Peaks, Passes and Glaciers). Trad. de l'anglais. 1

**ALEXANDRE DUMAS**

LES GARIBALDIENS. . . . . . . . . . 1
THÉATRE COMPLET. . . . . . . . . . 14

**ALEXANDRE DUMAS** FILS

CONTES ET NOUVELLES . . . . . . . 1
ANTONINE. . . . . . . . . . . . . 1
LA DAME AUX CAMÉLIAS. . . . . . . 1
LA VIE A VINGT ANS . . . . . . . . 1

**HENRI DUPIN**

CINQ COUPS DE SONNETTE. . . . . . 1

**CHARLES EDMOND**

SOUVENIRS D'UN DÉPAYSÉ . . . . . . 1

**Mme ELLIOTT**

MÉMOIRES SUR LA RÉVOLUTION FRANÇAISE, trad. par *M. le Cte de Baillon*, avec étude de *M. Sainte-Beuve* et un portr. gravé sur acier. 2e *édition*. 1

**ACHILLE EYRAUD**

VOYAGE A VÉNUS . . . . . . . . . . 1

**A.-L.-A. FÉE**

SOUVENIRS DE LA GUERRE D'ESPAGNE. 1
L'ESPAGNE A 50 ANS D'INTERVALLE. . . 1

**FÉTIS**

LA MUSIQUE DANS LE PASSÉ, DANS LE PRÉSENT ET DANS L'AVENIR (*S. pr.*). 2

**FEUILLET DE CONCHES**

LÉOPOLD ROBERT, sa vie, ses œuvres et sa correspondance. *Nouv. édition* 1

**OCT. FEUILLET** *de l'Acad. française*

BELLAH. 5e *édition*. . . . . . . . 1
HISTOIRE DE SIBYLLE. 8e *édition*. . . 1
LA PETITE COMTESSE. Le Parc. Onesta. 1
LE ROMAN D'UN JEUNE HOMME PAUVRE. 1
SCÈNES ET COMÉDIES. *Nouv. édition*. . 1
SCÈNES ET PROVERBES. *Nouv. édit*. . 1

**PAUL FÉVAL**

QUATRE FEMMES ET UN HOMME. 3e *édit*. 1

**ERNEST FEYDEAU**

ALGER. Étude. 2e *édition*. . . . . . 1
UN DÉBUT A L'OPÉRA. 3e *édition*. . . 1
MONSIEUR DE SAINT-BERTRAND. 3e *édit*. 1
LE MARI DE LA DANSEUSE. 3e *édition*. 1
LE ROMAN D'UNE JEUNE MARIÉE. . . . . 1
LE SECRET DU BONHEUR. 2e *édition*. 2

**LOUIS FIGUIER** vol.

LES EAUX DE PARIS. 2e *édition*. . 1

**GUSTAVE FLAUBERT**

MADAME BOVARY. *Nouv. édit. revue*. . 1
SALAMMBO. 5e *édition*. . . . . . . . 1

**TOBY FLOCK**

CONFESSIONS D'AMOUR. . . . . . . . 1

**EUGÈNE FORCADE**

ÉTUDES HISTORIQUES. . . . . . . . 1
HIST. DES CAUSES DE LA GUERRE D'ORIENT. 1

**MARC FOURNIER**

LE MONDE ET LA COMÉDIE (*Sous presse*). 1

**VICTOR FRANCONI**

LE CAVALIER. Cours d'équitation pratique. 2e *édit. revue et augm.* 1
L'ÉCUYER. Cours d'équitation pratique. 1

**ARNOULD FRÉMY**

LES MŒURS DE NOTRE TEMPS. . . . . 1

**EUGÈNE FROMENTIN**

UNE ANNÉE DANS LE SAHEL. 2e *édition*. 1
UN ÉTÉ DANS LE SAHARA. 2e *édition*. 1

**LÉOPOLD DE GAILLARD**

QUESTIONS ITALIENNES. . . . . . . . 1

**N. GALLOIS**

LES ARMÉES FRANÇAISES EN ITALIE. 1

**GALOPPE D'ONQUAIRE**

LE SPECTACLE AU COIN DU FEU. . . . 1

**LE Cte AGÉNOR DE GASPARIN**

LE BONHEUR. 3e *édition*. . . . . . 1
LA FAMILLE, ses devoirs, ses joies et ses douleurs. 4e *édition*. . . . . 2
UN GRAND PEUPLE QUI SE RELÈVE. Les États-Unis en 1861. 2e *édition*. 1

***

LES HORIZONS CÉLESTES. 7e *édition*. 1
LES HORIZONS PROCHAINS. 6e *édition*. 1
LES PROUESSES DE LA BANDE DU JURA. 2e *éd*. 1
BANDE DU JURA.—Premier voyage. 2e *éd*. 1
— Chez les Allemands — Chez nous. 1
— A Florence. . . . . . . . . 1
CAMILLE . . . . . . . . . . . . . 1
LES TRISTESSES HUMAINES. 4e *édition* . 1
VESPER. 4e *édition*. . . . . . . . 1
JOURNAL D'UN VOYAGE AU LEVANT. 2e *édition* . . . . . . . . . . . . 3

**THÉOPHILE GAUTIER**

LA BELLE JENNY . . . . . . . . . 1
CONSTANTINOPLE. . . . . . . . . . 1
LES GROTESQUES. . . . . . . . . . 1
LOIN DE PARIS. . . . . . . . . . 1
LA PEAU DE TIGRE. . . . . . . . . 1
QUAND ON VOYAGE. . . . . . . . . 1

**JULES GÉRARD** *le Tueur de lions*

VOYAGES ET CHASSES DANS L'HIMALAYA. 1

**Mme ÉMILE DE GIRARDIN**

M. LE MARQUIS DE PONTANGES. . . . 1
NOUVELLES . . . . . . . . . . . . 1

**AIMÉ GIRON**

LES AMOURS ÉTRANGES. . . . . . . 1
TROIS JEUNES FILLES . . . . . . . 1

**EDMOND ET JULES DE GONCOURT** vol.

SŒUR PHILOMÈNE . . . . . . . . . . 1

**ÉDOUARD GOURDON**

NAUFRAGE AU PORT. . . . . . . . . . 1

**LÉON GOZLAN**

BALZAC CHEZ LUI. 2e *édition* . . . . 1
BALZAC EN PANTOUFLES. 3e *édition* . . 1
CHÂTEAUX DE FRANCE. . . . . . . . 2
HISTOIRE DE CENT TRENTE FEMMES. . . 1
HISTOIRE D'UN DIAMANT. 2e *édition*. . 1
LE MÉDECIN DU PECQ . . . . . . . . 1

**CARLO GOZZI**

THÉÂTRE FIABESQUE, trad. par *A. Royer*. 1

**Mme MANDEL DE GRANDFORT**

L'AMOUR AUX CHAMPS. . . . . . . . 1
RYNO. 3e *édition*. . . . . . . . . 1

**GRANIER DE CASSAGNAC**

DANAÉ. . . . . . . . . . . . . . . 1

**GRÉGOROVIUS** *Trad. de F. Sabatier*

LES TOMBEAUX DES PAPES ROMAINS, avec introduction de *J.-J. Ampère* . 1

**F. DE GROISEILLIEZ**

LES COSAQUES DE LA BOURSE. . . . . 1
HIST. DE LA CHUTE DE LOUIS-PHILIPPE. 1

**AD. GUÉROULT**

ÉTUDES DE POLITIQUE ET DE PHILOSOPHIE RELIGIEUSE . . . . . . . . . 1

**AMÉDÉE GUILLEMIN**

LES MONDES, CAUSERIES ASTRONOMIQUES. 3e *édition*. . . . . . . . 1

**M. GUIZOT**

TROIS GÉNÉRATIONS —1789-1814-1848. 3e *édition*. . . . . . . . . . . 1

**LE Cte GUY DE CHARNACÉ**

ÉTUDES D'ÉCONOMIE RURALE. . . . . . 1

**F. HALÉVY**

SOUVENIRS ET PORTRAITS . . . . . . 1
DERNIERS SOUVENIRS ET PORTRAITS . 1

**IDA HAHN-HAHN** *Trad. Am. Pichot*

LA COMTESSE FAUSTINE . . . . . . . 1

**B. HAURÉAU**

SINGULARITÉS HISTOR. ET LITTÉRAIRES . 1

**LE Cte D'HAUSSONVILLE**

HIST. DE LA POLIT. EXTÉRIEURE DU GOUVERN. FRANÇAIS (1830-1848). *Nouv. éd.* 2
HISTOIRE DE LA RÉUNION DE LA LORRAINE A LA FRANCE. 2e *édition*. 1

***

MARGUERITE DE VALOIS. (*Sous presse*). 1
ROBERT EMMET. 2e *édition*. . . . . . 1
SOUVENIRS D'UNE DEMOIS. D'HONNEUR DE LA DUCH. DE BOURGOGNE. 2e *édit*. 1

**HENRI HEINE** ŒUVRES COMPLÈTES

DE LA FRANCE. *Nouvelle édition*. . . 1
DE L'ALLEMAGNE. *Nouvelle édition*. . 2
LUTÈCE. 3e *édition* . . . . . . . . 1
POÈMES ET LÉGENDES, *Nouv. édition*. . 1
REISEBILDER, tableaux de voyage. *Nouv. édit* avec une étude sur Henri Heine, par *Th. Gautier*, avec portrait. 2
DRAMES ET FANTAISIES. . . . . . . . 1
DE TOUT UN PEU. . . . . . . . . . 1

**CAMILLE HENRY** vol.

LE ROMAN D'UNE FEMME LAIDE. 2e *édit*. 1
LE ROMAN D'UNE JOLIE FEMME. (*souspr.*). 1
UNE NOUVELLE MADELEINE. . . . . . . 1

**HOFFMANN.** *Trad. Champfleury*

CONTES POSTHUMES. . . . . . . . . . 1

**ROBERT HOUDIN**

CONFIDENCES D'UN PRESTIDIGITATEUR. . 2

**ARSÈNE HOUSSAYE**

AVENTURES GALANTES DE MARGOT. . . 1
BLANCHE ET MARGUERITE. . . . . . . 1
MADEMOISELLE MARIANI, histoire parisienne (1838). 1e *édition* . . . . . 1

**CHARLES HUGO**

LE COCHON DE SAINT ANTOINE. . . . . 1
UNE FAMILLE TRAGIQUE. . . . . . . . 1

**UN INCONNU**

MONSIEUR X... ET MADAME ***. . . . . 1

**WASHINGTON IRVING.** *Trad. Th. Lefebvre*

AU BORD DE LA TAMISE. Contes, Récits et Légendes. 2e *édition* . . . . . 1

**ALFRED JACOBS**

L'OCÉANIE NOUVELLE. . . . . . . . . 1

**PAUL JANET**

LA FAMILLE. LEÇONS DE PHILOSOPHIE MORALE. 6e *édition* . . . . . . . 1

**JULES JANIN**

BARNAVE. *Nouvelle édition* . . . . 1
LES CONTES DU CHALET. 2e *édition*. 1
CONTES FANTAST. ET CONTES LITTÉR. . 1
HIST. DE LA LITTÉRATURE DRAMATIQUE. 6

**AUGUSTE JOLTROIS**

LES COUPS DE PIED DE L'ANE. 2e *édit*. . 1

**LOUIS JOURDAN**

LES FEMMES DEVANT L'ÉCHAFAUD. 2e *éd*. 1

**ARMAND JUSSELAIN**

UN DÉPORTÉ A CAYENNE . . . . . . . 1

**MIECISLAS KAMIENSKI** *tué à Magenta*

SOUVENIRS . . . . . . . . . . . . . 1

**KARL-DES-MONTS**

LES LÉGENDES DES PYRÉNÉES. 4e *édit*. 1

**ALPHONSE KARR**

AGATHE ET CÉCILE. . . . . . . . . . 1
SOIRÉES DE SAINTE-ADRESSE. . . . . . 1
DE LOIN ET DE PRÈS. 2e *édition* . . . 1
EN FUMANT. 3e *édition*. . . . . . . 1
LETTRES ÉCRITES DE MON JARDIN. . . . 1
LE ROI DES ILES CANARIES. (*Souspresse*). 1
SUR LA PLAGE. 2e *édition*. . . . . . 1

**LA BRUYÈRE**

LES CARACTÈRES. *Nouvelle édition*, commentée par *A. Destailleur*. . . 2

**LAMARTINE**

LES CONFIDENCES. *Nouvelle édition*. . 1
GENEVIÈVE. Hist. d'une Servante. 2e *éd*. 1
NOUVELLES CONFIDENCES. 2e *édition*. . 1
TOUSSAINT LOUVERTURE. 3e *édition*. . 1

vol.

**LE PRINCE DE LA MOSKOWA**
SOUVENIRS ET RÉCITS. . . . . . . . . 1

**LANFREY**
LES LETTRES D'ÉVERARD. . . . . . . 1

**VICTOR DE LAPRADE** *de l'Acad. franç.*
POÈMES ÉVANGÉLIQUES. 3e *édition*. . 1
PSYCHÉ. Odes et Poëmes. *Nouv. édit.* 1
LES SYMPHONIES. IDYLLES HÉROÏQUES. . 1

**CHARLES DE LA ROUNAT**
LE TESTAMENT DU DOCTEUR OPHIDIUS (S.p.) 1

**FERDINAND DE LASTEYRIE**
LES TRAVAUX DE PARIS. Examen crit. 1

**DE LATENA**
ÉTUDE DE L'HOMME. 4e *édition aug.* 2

**ÉMILE DE LATHEULADE**
DE LA DIGNITÉ HUMAINE. . . . . . . 1

**ANTOINE DE LATOUR**
ÉTUDES LITTÉR. SUR L'ESPAGNE CONTEMP. 1
ÉTUDES SUR L'ESPAGNE. . . . . . . . 2
LA BAIE DE CADIX. . . . . . . . . . 1
TOLÈDE ET LES BORDS DU TAGE. . . . 1
L'ESPAGNE RELIGIEUSE ET LITTÉRAIRE. 1
LES SAYNÈTES DE RAMON DE LA CRUZ. 1

**CHARLES DE LA VARENNE**
VICTOR-EMMANUEL II ET LE PIÉMONT. 1

**CH. LAVOLLÉE**
LA CHINE CONTEMPORAINE . . . . . 1

**JULES LECOMTE**
VOYAGES ÇA ET LÀ. . . . . . . . . . 1

**A. LEFEVRE-PONTALIS**
LES LOIS ET LES MŒURS ÉLECTORALES EN FRANCE ET EN ANGLETERRE. . . 1

**ERNEST LEGOUVÉ** *de l'Acad. franç.*
LECTURES A L'ACADÉMIE. . . . . . . 1

**JOHN LEMOINNE**
ÉTUDES CRITIQUES ET BIOGRAPHIQUES. 1
NOUV. ÉTUDES CRIT. ET BIOGRAPHIQUES. 1

**FRANÇOIS LENORMANT**
LA GRÈCE ET LES ILES IONIENNES . . . 1

**JULES LEVALLOIS**
LA PIÉTÉ AU XIXe SIÈCLE. . . . . . . 1

**G. LEVAVASSEUR**
ÉTUDES D'APRÈS NATURE. . . . . . . . 1

**CH. LIADIÈRES**
ŒUVRES DRAMATIQUES ET LÉGENDES. . 1
SOUV. HISTOR. ET PARLEMENTAIRES. . 1

**FRANZ LISZT**
DES BOHÉMIENS ET DE LEUR MUSIQUE. 1

**LE ROI LOUIS-PHILIPPE**
MON JOURNAL. Événements de 1815. . 2

**LE VICOMTE DE LUDRE**
DIX ANNÉES DE LA COUR DE GEORGES II. 1

vol.

**CHARLES MAGNIN**
HISTOIRE DES MARIONNETTES EN EUROPE, depuis l'antiquité. 2e *édition*. 1

**FÉLICIEN MALLEFILLE**
LE COLLIER. Contes et Nouvelles. . 1

**HECTOR MALOT**
LES AMOURS DE JACQUES . . . . . . 1
LES VICTIMES D'AMOUR. Les Amants . . 2e *édition*. . . . . . . . . . . . . 1
LES VICTIMES D'AMOUR. Les Époux. . 1
LA VIE MODERNE EN ANGLETERRE. . . 1

**AUGUSTE MAQUET**
LES VERTES FEUILLES. . . . . . . . 1

**MARC-BAYEUX**
LA PREMIÈRE ÉTAPE. . . . . . . . . 1

**LE COMTE DE MARCELLUS**
CHANTS POPULAIRES DE LA GRÈCE MODERNE, réunis, classés et traduits. . 1

**X. MARMIER**
EN CHEMIN DE FER. . . . . . . . . . 1

**CH. DE MAZADE**
DEUX FEMMES DE LA RÉVOLUTION . . . 1
L'ITALIE ET LES ITALIENS . . . . . . 1
L'ITALIE MODERNE. . . . . . . . . . 1
LA POLOGNE CONTEMPORAINE. . . . . 1

**E. DU MÉRAC**
PLACIDE DE JAVERNY. . . . . . . . . 1

**MERCIER**
TABLEAU DE PARIS. *Nouv. édition*. . 1

**PROSPER MÉRIMÉE** *de l'Acad. franç.*
LES COSAQUES D'AUTREFOIS. 2e *édition* 1
LES DEUX HÉRITAGES. . . . . . . . . 1
ÉPISODE DE L'HISTOIRE DE RUSSIE . . 1
ÉTUDES SUR L'HISTOIRE ROMAINE. . . 1
MÉLANGES HISTORIQUES ET LITTÉRAIRES. 1
NOUVELLES. Carmen — Arsène Guillot — L'abbé Aubain etc. 4e *édition*. . 1

**MÉRY**
LES AMOURS DES BORDS DU RHIN. . . 1
UN CRIME INCONNU. . . . . . . . . . 1
LES JOURNÉES DE TITUS . . . . . . . 1
MONSIEUR AUGUSTE. 2e *édition*. . . . 1
LES MYSTÈRES D'UN CHATEAU. . . . . 1
LES NUITS ANGLAISES. . . . . . . . . 1
LES NUITS ITALIENNES . . . . . . . . 1
LES NUITS D'ORIENT . . . . . . . . . 1
LES NUITS PARISIENNES. . . . . . . . 1
LES NUITS ESPAGNOLES. . . . . . . . 1
POÉSIES INTIMES. . . . . . . . . . . 1
THÉATRE DE SALON. 2e *édition*. . . . 1
NOUVEAU THÉATRE DE SALON. . . . . 1
TRAFALGAR. . . . . . . . . . . . . . 1
LES UNS ET LES AUTRES. . . . . . . . 1
URSULE. 2e *édition*. . . . . . . . . 1
LA VÉNUS D'ARLES. . . . . . . . . . 1
LA VIE FANTASTIQUE. . . . . . . . . 1

**PAUL MEURICE**
SCÈNES DU FOYER. LA FAMILLE AUBRY. . 1

**ÉDOUARD MEYER**
CONTES DE LA MER BALTIQUE. . . . . 1

**FRANCISQUE MICHEL**
DU PASSÉ ET DE L'AVENIR DES HARAS. . 1

**MIE D'AGHONNE** vol.

BONJOUR ET BONSOIR. . . . . . . . . 1

**Cesse DE MIRABEAU—Vtc DE GRENVILLE**

HISTOIRE DE DEUX HÉRITIÈRES. . . . . 1

**L'ABBÉ TH. MITRAUD**

DE LA NATURE DES SOCIÉTÉS HUMAINES. 1

**CÉLESTE MOGADOR**

MÉMOIRES COMPLETS . . . . . . . . . 4

**PAUL DE MOLÈNES**

L'AMANT ET L'ENFANT. . . . . . . . . 1
AVENTURES DU TEMPS PASSÉ. . . . . . 1
LE BONHEUR DES MAISON. . . . . . . . 1
CARACTÈRES ET RÉCITS DU TEMPS. . . 1
LES COMMENTAIRES D'UN SOLDAT. . . . 1
LA FOLIE DE L'ÉPÉE. . . . . . . . . 1
HISTOIRES SENTIMENTALES ET MILITAIRES. 1

**CHARLES MONSELET**

LES ANNÉES DE GAITÉ. . . . . . . . 1
L'ARGENT MAUDIT. 2e *édition*. . . . . 1
LES FEMMES QUI FONT DES SCÈNES. . . 1
LA FIN DE L'ORGIE . . . . . . . . . 1
LA FRANC-MAÇONNERIE DES FEMMES. . 1
FRANÇOIS SOLEIL . . . . . . . . . . 1
LES GALANTERIES DU XVIIIe SIÈCLE. . . 1
M. LE DUC S'AMUSE. . . . . . . . . . 1
LES ORIGINAUX DU SIÈCLE DERNIER. . 1

**LE Cte DE MONTALIVET** *anc. ministre*

RIEN. — Dix-huit années du gouvernement parlementaire. 2e *édition*. . 1

**FRÉDÉRIC MORIN**

LES HOMMES ET LES LIVRES CONTEMPOR. 1
LES IDÉES DU TEMPS PRÉSENT. . . . 1

**HENRY MURGER**

LES BUVEURS D'EAU . . . . . . . . . 1
SCÈNES DE CAMPAGNE . . . . . . . . 1
SCÈNES DE LA VIE DE JEUNESSE. . . . 1
NUITS D'HIVER, Poésies compl. 2e *éd.* . 1

**A. DE MUSSET, DE BALZAC, G. SAND**

PARIS ET LES PARISIENS. . . . . . . 1

**PAUL DE MUSSET**

UN MAÎTRE INCONNU. . . . . . . . . . 1

**NADAR**

LA ROBE DE DÉJANIRE. 2e *édition*. . . 1

**LA COMTESSE NATHALIE**

LA VILLA GALIETTA. . . . . . . . . . 1

**CHARLES NISARD**

MÉMOIRES ET CORRESPONDANCES HISTORIQUES ET LITTÉRAIRES, INÉDITS. 1

**D. NISARD** *de l'Acad. française*

ÉTUDES DE CRITIQUE LITTÉRAIRE. . . . 1
ÉTUDES D'HISTOIRE ET DE LITTÉRATURE. 1
NOUVELLES ÉTUDES. . . . . . . . . . 1
ÉTUDES SUR LA RENAISSANCE. 2e *édit.* . 1
SOUVENIRS DE VOYAGE. 2e *édition*. . . 1

**CHARLES NODIER** *traducteur*

LE VICAIRE DE WAKEFIELD . . . . . . 1

**LE VICOMTE DE NOÉ**

BACHI-BOZOUCKS ET CHASSEURS D'AFR. 1

**JULES NORIAC**

JOURNAL D'UN FLANEUR. . . . . . . . 1
MADEMOISELLE POUCET. 2e *édition* . . 1
LE CAPITAINE SAUVAGE. . . . . . . . 1

**MAXIME OGET** vol.

COMTESSE ET VIERGE FOLLE. . . . . . 1

**ÉDOUARD OURLIAC** *Œuvres compl.*

LES CONFESSIONS DE NAZARILLE. . . . 1
LES CONTES DE LA FAMILLE . . . . . 1
CONTES SCEPTIQUES ET PHILOSOPHIQUES. 1
LA MARQUISE DE MONTMIRAIL . . . . . 1
NOUVELLES. . . . . . . . . . . . . 1
LES PORTRAITS DE FAMILLE. . . . . . 1
PROVERBES ET SCÈNES BOURGEOISES. . . 1
THÉATRE DU SEIGNEUR CROQUIGNOLE. . 1

**ALPHONSE PAGÈS**

BALZAC MORALISTE ou Pensées de Balzac extraites de son œuvre, classées et mises en regard de celles de *La Rochefoucauld, Pascal, La Bruyère et Vauvenargues*. . . . . . . . . 1

**ÉDOUARD PAILLERON**

LES PARASITES. . . . . . . . . . . . 1

**THÉOD. PARMENTIER**

DESCRIPTION TOPOGRAPHIQUE ET STRATÉGIQUE DU THÉATRE DE LA GUERRE TURCO-RUSSE. *Trad. de l'allemand*, avec une carte topographique. . . 1

**TH. PAVIE**

RÉCITS DE TERRE ET DE MER. . . . . 1
SCÈNES ET RÉCITS DES PAYS D'OUTRE-MER 1

***

LE PÉCHÉ DE MADELEINE. 3e *édition*. 1

**PAUL PERRET**

LA BAGUE D'ARGENT. . . . . . . . . . 1
LES ROUERIES DE COLOMBE . . . . . . 1

**LÉONCE DE PESQUIDOUX**

L'ÉCOLE ANGLAISE. — 1672-1851 —. . 1
VOYAGE ARTISTIQUE EN FRANCE. . . . . 1

**A. PEYRAT**

ÉTUDES HISTORIQUES ET RELIGIEUSES. 1
HISTOIRE ET RELIGION. . . . . . . . 1

**LAURENT PICHAT**

CARTES SUR TABLE. Nouvelles. . . . 1
LA SIBYLLE. . . . . . . . . . . . . 1

**AMÉDÉE PICHOT**

LA BELLE RÉBECCA. . . . . . . . . . 1
SIR CHARLES BELL. . . . . . . . . . 1

**GUSTAVE PLANCHE**

ÉTUDES LITTÉRAIRES. . . . . . . . . 1
ÉTUDES SUR L'ÉCOLE FRANÇAISE. . . . 2
ÉTUDES SUR LES ARTS . . . . . . . . 1

**ÉDOUARD PLOUVIER**

LA BELLE AUX CHEVEUX BLEUS. 2e *édit.* 1

**EDGAR POE** *Trad. Ch. Baudelaire*

EUREKA. . . . . . . . . . . . . . . 1
HISTOIRES GROTESQUES ET SÉRIEUSES. . 1

**F. PONSARD** *de l'Acad. française*

ÉTUDES ANTIQUES. . . . . . . . . . 1
THÉATRE COMPLET. 3e *édition* . . . . 1

**P. P.**

UNE SŒUR. . . . . . . . . . . . . . 1

**A. DE PONTMARTIN** vol.

CAUSERIES LITTÉRAIRES. *Nouv. édition*. 1
NOUV. CAUSERIES LITTÉRAIRES. 2e *édit.* 1
DERNIÈRES CAUSERIES LITTÉRAIRES. 2e *éd.* 1
CAUSERIES DU SAMEDI. 2e *série des Causeries Littéraires. Nouv. édition*. 1
NOUVELLES CAUSERIES DU SAMEDI. 2e *éd.* 1
DERNIÈRES CAUSERIES DU SAMEDI. . . . 1
ENTRE CHIEN ET LOUP. (*Sous presse*) 1
LE FOND DE LA COUPE. . . . . . . . 1
LES JEUDIS DE Mme CHARBONNEAU. . . 1
LES SEMAINES LITTÉRAIRES. . . . . . 1
NOUVELLES SEMAINES LITTÉRAIRES. . . 1
DERNIÈRES SEMAINES LITTÉRAIRES. . . 1
NOUVEAUX SAMEDIS. . . . . . . . . . 2

**EUGÈNE POUJADE**

LE LIBAN ET LA SYRIE. . . . . . . . 1

**PRÉVOST-PARADOL**

ÉLISABETH ET HENRI IV (1595-1598). 3e *éd.* 1
ESSAIS DE POLITIQUE ET DE LITTÉRATURE. 2e *édition*. . . . . . . . . 3
QUELQUES PAGES D'HISTOIRE CONTEMPORAINE. Lettres politiques. . . . . 3

**CHARLES RABOU**

LA GRANDE ARMÉE . . . . . . . . . . 2

**MAX RADIGUET**

A TRAVERS LA BRETAGNE . . . . . . . 1
SOUVENIRS DE L'AMÉRIQUE ESPAGNOLE. 1

**RAMON DE LA CRUZ**

SAYNÈTES, tr. de l'esp. par *A. de Latour*. 1

**LOUIS RATISBONNE**

L'ENFER DE DANTE, traduction en vers, texte en regard. 3e *édition*. . . . 2
LE PURGATOIRE DE DANTE. *Nouv. éd.* 1
LE PARADIS DE DANTE. *Nouv. édition*. 1
IMPRESSIONS LITTÉRAIRES. . . . . . . 1
MORTS ET VIVANTS. . . . . . . . . . 1

**JEAN REBOUL** *de Nîmes*

LETTRES avec introd. de *M. Poujoulat*. 1

**PAUL DE RÉMUSAT**

LES SCIENCES NATURELLES. Études sur leur histoire et sur leurs progrès. . 1

**ERNEST RENAN**

ÉTUDES D'HISTOIRE RELIGIEUSE. 7e *édit.* 1

**D. JOSÉ GUELL Y RENTÉ**

LÉGENDES AMÉRICAINES. . . . . . . . 1
LÉGENDES D'UNE AME TRISTE . . . . . 1
TRADITIONS AMÉRICAINES. . . . . . . 1
LA VIERGE DES LYS — PETITE-FILLE DE ROI 1

**RODOLPHE REY**

HIST. DE LA RENAISSANCE POL. DE L'ITALIE. 1

**LOUIS REYBAUD**

LA COMTESSE DE MAULÉON. . . . . . . 1
LES ÉCOLES EN FRANCE ET EN ANGLETERRE. . . . . . . . . . . . . . 1
JÉRÔME PATUROT à la recherche de la meilleure des républiques. . . . . . 2
MARINES ET VOYAGES. . . . . . . . . 1
MŒURS ET PORTRAITS DU TEMPS. . . . 2
NOUVELLES. . . . . . . . . . . . . 1
ROMANS. . . . . . . . . . . . . . . 1
SCÈNES DE LA VIE MODERNE. . . . . . 1
LA VIE A REBOURS. . . . . . . . . . 1
LA VIE DE CORSAIRE. . . . . . . . . 1
LA VIE DE L'EMPLOYÉ. . . . . . . . . 1

**CHARLES REYNAUD** vol.

ÉPÎTRES, CONTES ET PASTORALES. . . . 1
ŒUVRES INÉDITES. . . . . . . . . . 1

**HENRI RIVIÈRE**

LE CACIQUE. Journal d'un marin . . . 1
LA MAIN COUPÉE. . . . . . . . . . . 1
LES MÉPRISES DU CŒUR. . . . . . . . 1
LA POSSÉDÉE. . . . . . . . . . . . 1

**JEAN ROUSSEAU**

LES COUPS D'ÉPÉE DANS L'EAU. . . . . 1
PARIS DANSANT. 2e *édition*. . . . . . 1

**EDMOND ROCHE**

POÉSIES POSTHUMES. Notice de *V. Sardou*, et eaux-fortes. . . . . . . . 1

**AMÉDÉE ROLLAND**

LES FILS DE TANTALE . . . . . . . . 1
LA FOIRE AUX MARIAGES. 2e *édition*. . 1
LES MARIONNETTES DE L'AMOUR. (*S. pr.*). 1

**VICTORINE ROSTAND**

UNE BONNE ÉTOILE. . . . . . . . . . 1
AU BORD DE LA SAÔNE. . . . . . . . 1

**LE DOCTr FÉLIX ROUBAUD**

POUGUES, ses eaux minérales, ses environs. . . . . . . . . . . . . 1

**ÉMILE RUBEN**

CE QUE COUTE UNE RÉPUTATION. . . . 1

**LE MARÉCHAL DE SAINT-ARNAUD**

LETTRES (1832-1854). 3e *édition*, avec une not. de *M. Sainte-Beuve* . . . 2

**SAINTE-BEUVE** *de l'Acad. franç.*

NOUVEAUX LUNDIS. . . . . . . . . . 5

**SAINT-GERMAIN LEDUC**

UN MARI. . . . . . . . . . . . . . 1

**SAINT-SIMON**

DOCTRINE SAINT-SIMONIENNE. . . . . . 1

**GEORGE SAND**

ANDRÉ. . . . . . . . . . . . . . . 1
ANTONIA. . . . . . . . . . . . . . 1
LA CONFESSION D'UNE JEUNE FILLE. . . 2
CONSTANCE VERRIER. . . . . . . . . 1
LA DERNIÈRE ALDINI. . . . . . . . . 1
ELLE ET LUI. . . . . . . . . . . . 1
LA FAMILLE DE GERMANDRE. . . . . . 1
FRANÇOIS LE CHAMPI. . . . . . . . . 1
INDIANA. . . . . . . . . . . . . . 1
JACQUES. . . . . . . . . . . . . . 1
JEAN DE LA ROCHE. . . . . . . . . . 1
LAURA . . . . . . . . . . . . . . 1
LETTRES D'UN VOYAGEUR . . . . . . . 1
MADEMOISELLE LA QUINTINIE. . . . . 1
LES MAÎTRES MOSAÏSTES. . . . . . . 1
LES MAÎTRES SONNEURS. . . . . . . . 1
LA MARE AU DIABLE. . . . . . . . . 1
LE MARQUIS DE VILLEMER. . . . . . . 1
MAUPRAT. . . . . . . . . . . . . . 1
MONSIEUR SYLVESTRE. . . . . . . . . 1
MONT-REVÊCHE. . . . . . . . . . . 1
NOUVELLES . . . . . . . . . . . . 1
LA PETITE FADETTE . . . . . . . . . 1
TAMARIS . . . . . . . . . . . . . 1
THÉÂTRE COMPLET. . . . . . . . . . 4
THÉÂTRE DE NOHANT. . . . . . . . . 1
VALENTINE. . . . . . . . . . . . . 1
VALVÈDRE. . . . . . . . . . . . . 1
LA VILLE NOIRE. . . . . . . . . . . 1

**MAURICE SAND** vol.

CALLIRHOÉ . . . . . . . . . . . . . 1

SIX MILLE LIEUES A TOUTE VAPEUR. 2e *édit.* 1

**JULES SANDEAU**

UN DÉBUT DANS LA MAGISTRATURE. 2e *éd.* 1

UN HÉRITAGE. *Nouv. édit.* . . . . . . 1

LA MAISON DE PENARVAN. 8e *édition.* 1

**FRANCISQUE SARCEY**

LE MOT ET LA CHOSE. . . . . . . . . 1

**C. DE SAULT**

ESSAIS DE CRITIQUE D'ART. . . . . . . 1

**EDMOND SCHERER**

ÉTUDES CRITIQUES sur la littérature . . 1

NOUV. ÉTUDES sur la littérature. 2e sér. 1

ÉTUDES SUR LA LITTÉRATURE. 3e série. 1

MÉLANGES D'HIST. RELIGIEUSE. 2e *édit.* 1

**FERNAND SCHICKLER**

EN ORIENT. SOUVENIRS DE VOYAGE . . . 1

**AURÉLIEN SCHOLL**

LES GENS TARÉS. . . . . . . . . . . 1

**EUGÈNE SCRIBE**

HISTORIETTES ET PROVERBES. . . . . . 1

NOUVELLES . . . . . . . . . . . . 1

THÉATRE (*ouvrage complet*) . . . . . 20

**ALBÉRIC SECOND**

A QUOI TIENT L'AMOUR? . . . . . . . 1

**WILLIAM N. SENIOR**

LA TURQUIE CONTEMPORAINE. . . . . . 1

**J.-C.-L. DE SISMONDI**

LETTRES INÉDITES, suivies de lettres de Bonstetten, de Mmes de Staël et de Souza, Intr. de *St-René Taillandier.* 1

**DE STENDHAL (H. BEYLE)**

ŒUVRES COMPLÈTES

LA CHARTREUSE DE PARME. *Nouv. éd.* . . 1

CHRONIQUES ITALIENNES . . . . . . 1

CORRESPONDANCE INÉDITE Introduction de *P. Mérimée* et Portrait . . . 2

HISTOIRE DE LA PEINTURE EN ITALIE. 1

MÉMOIRES D'UN TOURISTE. *Nouv. édit.* 2

NOUVELLES INÉDITES . . . . . . . . 1

NOUVELLES ET MÉLANGES. (*Sous pr.*). 1

PROMENADES DANS ROME. *Nouv. édit.* 2

RACINE ET SHAKSPEARE. *Nouv. édit.* . 1

ROMANS ET NOUVELLES. . . . . . . . 1

ROME, NAPLES ET FLORENCE. *Nouv. édit.* 1

LE ROUGE ET LE NOIR. *Nouv. édition.* 1

VIE DE ROSSINI. *Nouv. édition* . . . 1

VIES DE HAYDN, DE MOZART ET DE MÉTASTASE. *Nouv. édit. entièr. revue.* 1

**DANIEL STERN**

ESSAI SUR LA LIBERTÉ. *Nouv. édit.* . 1

FLORENCE ET TURIN. Art et politique. . 1

NÉLIDA. . . . . . . . . . . . . . 1

**MATHILDE STEV...**

LE OUI ET LE NON DES FEMMES. . . . . 1

**SAINT-RENÉ TAILLANDIER**

ALLEMAGNE ET RUSSIE. . . . . . . . 1

LA COMTESSE D'ALBANY. . . . . . . . 1

HISTOIRE ET PHILOSOPHIE RELIGIEUSE. 1

LITTÉRATURE ÉTRANGÈRE — ÉCRIVAINS ET POÈTES MODERNES . . . . . . . . 1

**TÉRENCE**

THÉATRE COMPLET. *Trad. A. de Belloy.* . 1

**EDMOND TEXIER**

CONTES ET VOYAGES . . . . . . . . 1

CRITIQUES ET RÉCITS LITTÉRAIRES . . . 1

***

MÉMOIRES DE BILBOQUET . . . . . . . 3

**EDMOND THIAUDIÈRE** vol.

UN PRÊTRE EN FAMILLE. . . . . . . . 1

**A. THIERS**

HISTOIRE DE LAW . . . . . . . . . . 1

**CH. THIERRY-MIEG**

SIX SEMAINES EN AFRIQUE. Souv. de voyage, avec carte et 9 dessins. . 1

**ÉMILE THOMAS**

HISTOIRE DES ATELIERS NATIONAUX. . 1

**TIRSO DE MOLINA**

THÉATRE. Traduit par *Alph. Royer.* . 1

**MARIO UCHARD**

LA COMTESSE DIANE. 2e *édition.* . . . 1

UNE DERNIÈRE PASSION. . . . . . . . 1

LE MARIAGE DE GERTRUDE. 4e *édition.* 1

RAYMON. 4e *édition.* . . . . . . . . 1

**LOUIS ULBACH**

L'HOMME AUX CINQ LOUIS D'OR. . . . . 1

**AUGUSTE VAQUERIE**

PROFILS ET GRIMACES. . . . . . . . 1

**E. DE VALBEZEN** (LE MAJOR FRIDOLIN)

LA MALLE DE L'INDE. 2e *édition.* . . . 1

RÉCITS D'HIER ET D'AUJOURD'HUI. . 1

**OSCAR DE VALLÉE**

LES MANIEURS D'ARGENT. 4e *édition.* . 1

**MAX VALREY**

CES PAUVRES FEMMES! . . . . . . . 1

LES VICTIMES DU MARIAGE. 2e *édition.* . 1

**THÉODORE VERNES**

NAPLES ET LES NAPOLITAINS. 2e *édit.* . 1

**ALFRED DE VIGNY**

ŒUVRES COMPLÈTES

CINQ-MARS, avec 2 autographes. 11e *éd.* 1

STELLO. 9e *édition.* . . . . . . . . 1

SERVITUDE ET GRANDEUR MILITAIRES. 9e *édition.* . . . . . . . . . . 1

THÉATRE COMPLET. 8e *édition* . . . . 1

POÉSIES COMPLÈTES. 8e *édition.* . . . 1

**SAMUEL VINCENT**

DU PROTESTANTISME EN FRANCE. *N. éd.* Introd. de *Prévost-Paradol.* . . . 1

MÉDITATIONS RELIGIEUSES. Not. de *Fontanes.* Int. d'*A. Coquerel fils.* . 1

**LÉON VINGTAIN**

DE LA LIBERTÉ DE LA PRESSE . . . . 1

VIE PUBLIQUE DE ROYER-COLLARD avec une préface de *M. A. de Broglie.* 1

**L. VITET** *de l'Académie française*

ESSAIS HISTORIQUES ET LITTÉRAIRES. . 1

LA LIGUE. — SCÈNES HISTORIQUES. Précéd. des ÉTATS D'ORLÉANS. *Nouv. édit.* . 2

HISTOIRE DE DIEPPE. *Nouvelle édit.* 1

ÉTUDES SUR L'HISTOIRE DE L'ART. . . . 4

**RICHARD WAGNER**

QUATRE POÈMES D'OPÉRAS ALLEMANDS. 1

**J.-J. WEISS**

ESSAIS SUR L'HISTOIRE DE LA LITTÉRATURE FRANÇAISE . . . . . . . . 1

**FRANCIS WEY**

CHRISTIAN . . . . . . . . . . . . 1

**CORNÉLIS DE WITT**

LA SOCIÉTÉ FRANÇAISE ET LA SOCIÉTÉ ANGLAISE AU XVIIIe SIÈCLE . . . . . 1

**E. YEMENIZ** *consul de Grèce*

LA GRÈCE MODERNE . . . . . . . . . 1

**ED. GRIMARD** vol.
L'ÉTERNEL FÉMININ. . . . . . . . . 1

**JULES GUÉROULT**
FABLES. . . . . . . . . . . . . . 1

**CHARLES D'HÉRICAULT**
LA FILLE AUX BLUETS. 2e *édition*. . 1
LES PATRICIENS DE PARIS. . . . . . . 1

**LA REINE HORTENSE**
LA REINE HORTENSE EN ITALIE, EN FRANCE ET EN ANGLETERRE . . . . 1

**ARSÈNE HOUSSAYE**
LES FILLES D'ÈVE. . . . . . . . . . 1
LA PÉCHERESSE. . . . . . . . . . . 1
LE REPENTIR DE MARION . . . . . . . 1

**A. JAIME FILS**
L'HÉRITAGE DU MAL. . . . . . . . . 1
LES TALONS NOIRS. 2e *édition*. . . . 1

**LOUIS JOURDAN**
LES PEINTRES FRANÇAIS. SALON DE 1859 1

**AURÈLE KERVIGAN**
HISTOIRE DE RIRE. . . . . . . . . . 1

**MARY LAFON**
LA BANDE MYSTÉRIEUSE . . . . . . . 1
LA PESTE DE MARSEILLE. . . . . . . 1

**Mme LA MARQUISE DE LA GRANGE**
LA RÉSINIÈRE D'ARCACHON. . . . . . 1

**G. DE LA LANDELLE**
LA GORGONE . . . . . . . . . . . . 2
UNE HAINE A BORD. . . . . . . . . . 1

**STEPHEN DE LA MADELAINE**
UN CAS PENDABLE. . . . . . . . . . 1

**F. LAMENNAIS**
DE LA SOCIÉTÉ PREMIÈRE et de ses lois. 1

**LARDIN ET MIE D'AGHONNE**
JEANNE DE FLERS. . . . . . . . . . 1

**A. LEKANORE**
LE PÈLERINAGE DE MIREILLE. . . . . 1

**FANNY LOVIOT**
LES PIRATES CHINOIS. 3e *édition*. . 1

**LOUIS LURINE**
VOYAGE DANS LE PASSÉ . . . . . . . 1

**AUGUSTE MAQUET**
LE BEAU D'ANGENNES . . . . . . . . 1
LA BELLE GABRIELLE . . . . . . . . 3
LE COMTE DE LAVERNIE. . . . . . . 3
DETTES DE CŒUR. 4e *édition*. . . . 1
L'ENVERS ET L'ENDROIT . . . . . . . 2
LA MAISON DU BAIGNEUR. . . . . . . 2
LA ROSE BLANCHE. . . . . . . . . . 1

**MÉRY**
LE PARADIS TERRESTRE. 2e *édition* . 1
MARSEILLE ET LES MARSEILLAIS. 2e *édit.* 1

**ALFRED MICHIELS**
CONTES D'UNE NUIT D'HIVER . . . . . 1

**EUGÈNE DE MIRECOURT**
LES CONFESSIONS DE MARION DELORME. 3
— — DE NINON DE LENCLOS. . . . . . . . . . . . . . 3

**L'ABBÉ TH. MITRAUD**
LE LIVRE DE LA VERTU. . . . . . . 1

**L. MOLAND**
LE ROMAN D'UNE FILLE LAIDE . . . . 1

**HENRY MONNIER** vol.
MÉMOIRES DE M. JOSEPH PRUDHOMME. 1

**MARC MONNIER**
LA CAMORRA. MYSTÈRES DE NAPLES. . 1
HISTOIRE DU BRIGANDAGE DANS L'ITALIE MÉRIDIONALE. 2e *édition*. . . . . 1

**MORTIMER-TERNAUX**
LA CHUTE DE LA ROYAUTÉ. . . . . . 1
LE PEUPLE AUX TUILERIES. . . . . . 1

**CHARLES NARREY**
LE QUATRIÈME LARRON. 2e *édition*. . 1

**HENRI NICOLLE**
COURSES DANS LES PYRÉNÉES. . . . . 1

**JULES NORIAC**
LA BÊTISE HUMAINE. 16e *édition*. . . 1
LE 101e RÉGIMENT. *Nouv. édition* . 1
LA DAME A LA PLUME NOIRE. 2e *édition*. 1
LE GRAIN DE SABLE. 9e *édition*. . . . 1
MÉMOIRES D'UN BAISER. 3e *édition*. . 1
SUR LE RAIL. 2e *édition* . . . . . . 1

**LAURENCE OLIPHANT**
VOYAGE PITTORESQUE D'UN ANGLAIS EN RUSSIE ET SUR LE LITTORAL DE LA MER NOIRE ET DE LA MER D'AZOF. . . . . 1

**ÉDOUARD OURLIAC**
SUZANNE. *Nouv. édition*. . . . . . 1

**CHARLES PERRIER**
L'ART FRANÇAIS AU SALON DE 1857. . 1

**LE COMTE A. DE PONTÉCOULANT**
HISTOIRES ET ANECDOTES. . . . . . . 1

**A. DE PONTMARTIN**
LES BRULEURS DE TEMPLES. . . . . . 1

**CHARLES RABOU**
LOUISON D'ARQUIEN . . . . . . . . 1
LES TRIBULATIONS DE MAITRE FABRICIUS. 1
LE CAPITAINE LAMBERT. . . . . . . 1

**GIOVANI RUFINI**
MÉMOIRES D'UN CONSPIRATEUR ITALIEN. 1

**JULES SANDEAU**
UN HÉRITAGE. . . . . . . . . . . . 1

**VICTORIEN SARDOU**
LA PERLE NOIRE . . . . . . . . . . 1

**AURÉLIEN SCHOLL**
LES AMOURS DE THÉATRE. 2e *édition*. . 1
SCÈNES ET MENSONGES PARISIENS. 2e *éd.* 1

**E.-A. SEILLIÈRE**
AU PIED DU DONON. . . . . . . . . 1

**Mme SURVILLE née de Balzac**
LE COMPAGNON DU FOYER . . . . . . 1

**THACKERAY** *Trad. Am. Pichot*
MORGIANA. . . . . . . . . . . . . 1

**EDMOND TEXIER**
LA GRÈCE ET SES INSURRECTIONS. Avec carte. *Nouvelle édition*. . . . . 1

**EM. DE VARS**
LA JOUEUSE. Mœurs de province. . . . 1

**Mme VERDIER-ALLUT**
LES GÉORGIQUES DU MIDI. . . . . . . 1

**A. VERMOREL**
LES AMOURS FUNESTES. . . . . . . . 1
LES AMOURS VULGAIRES . . . . . . . 1

**Dr L. VÉRON**
PARIS EN 1860. LES THÉATRES DE PARIS DE 1806 A 1860, *avec gravures*. 1

### THÉATRE

Tome 44. — VAUTRIN, drame en 5 actes. Les Ressources de Quinola, comédie en 5 actes. Paméla Giraud, comédie en 5 actes.

Tome 45. — LA MARATRE, drame intime en 5 actes. Le Faiseur (Mercadet), comédie en 5 actes (entièrement conforme au manuscrit de l'auteur.)

ŒUVRES DE JEUNESSE

DE

## H. DE BALZAC

NOUVELLE ÉDITION COMPLÈTE EN 10 VOLUMES

A **1 fr. 25 cent. le volume** (*chaque volume se vend séparément*)

| | vol. |
|---|---|
| ARGOW LE PIRATE | 1 |
| LE CENTENAIRE | 1 |
| LA DERNIÈRE FÉE | 1 |
| DOM GIGADAS | 1 |
| L'EXCOMMUNIÉ | 1 |
| L'HÉRITIÈRE DE BIRAGUE | 1 |
| L'ISRAÉLITE | 1 |
| JANE LA PALE | 1 |
| JEAN-LOUIS | 1 |
| LE VICAIRE DES ARDENNES | 1 |

## OUVRAGES DIVERS

f. c.

**GEORGES BELL**

LE MIROIR DE CAGLIOSTRO. 1 vol. . 1 »

**CHARLES BLANC**

LES PEINTRES DES FÊTES GALANTES. 1 vol. in-32 . . . . . 1 »

**J. BRUNTON**

LES 40 PRÉCEPTES DU JEU DE WHIST. 1 vol in-18. . . . . 1 50

**ALFRED BUSQUET**

LA NUIT DE NOEL. 1 vol. in-32. . 1 »

**LE COMTE DE CHEVIGNÉ**

LES CONTES RÉMOIS illustrés par E. Meissonier. 6e *édition*. 1 vol. . 5 »

**CHARLES EMMANUEL**

LES DÉVIATIONS DU PENDULE ET LE MOUVEMENT DE LA TERRE. 1 vol. gr. in-18. . . . . 1 »

**ALEXANDRE GUÉRIN**

LES RELIGIEUSES. 1 vol. gr. in-18. . 1 »

**LOUIS JOURDAN**

LES PRIÈRES DE LUDOVIC. 1 v. in-32. 1 »

**LASSABATHIE**, *Admin. du Conserv.*

HISTOIRE DU CONSERVATOIRE IMPÉRIAL DE MUSIQUE ET DE DÉCLAMATION suivie de documents recueillis et mis en ordre. 1 vol. grand in-18. . 5 »

**AUGUSTE LUCHET**

LA CÔTE-D'OR A VOL D'OISEAU. 1 vol. grand in-18. . . . . 2 »

LA SCIENCE DU VIN. 1 vol. gr. in-18. 2 50

**P. MORIN**

COMMENT L'ESPRIT VIENT AUX TABLES. 1 vol. in-18 . . . . . 1 50

**A. PEYRAT**

UN NOUVEAU DOGME. Histoire de l'Immaculée Conception. 1 vol. in-18. 1 »

**LE DOCTEUR RAULAND**

LE LIVRE DES ÉPOUX. Guide pour la guérison de l'impuissance, de la stérilité et de toutes les maladies des organes génitaux. 1 fort vol. gr. in-18. . . . . 4 »

**MARY-ÉLIZA ROGERS**

LA VIE DOMESTIQUE EN PALESTINE. 1 vol. gr. in-18. . . . . 3 50

***

MÉMOIRES D'UN PROTESTANT condamné aux galères de France pour cause de religion, d'après le journal original de Jean Marteilhe de Bergerac. 1 fort vol. gr. in-18 . . . . . 3 50

**LE Dr FÉLIX ROUBAUD**

*Inspecteur des Eaux minérales de Pougues (Nièvre)*

LA DANSE DES TABLES. Phénomènes physiologiques démontrés, avec gravure explicative. 2e *édition*. 1 vol. in-18 . . . . . 1 »

LES EAUX MINÉRALES DE LA FRANCE. Guide du médecin praticien et du malade. 1 fort vol. gr. in-18 broché, 4 fr.; relié. . . . . 5 »

**SAVINIEN LAPOINTE**

MES CHANSONS. — 1 vol. in-32 . . 1 »

## ÉTUDES CONTEMPORAINES

**Format in-18**

f. c.

**ODILON BARROT**

DE LA CENTRALISATION ET DE SES EFFETS. 1 vol. . . . . 1 »

**LE PRINCE A. DE BROGLIE**

UNE RÉFORME ADMINISTRATIVE EN AFRIQUE. 1 vol. . . . . 1 50

**ÉDOUARD DELPRAT**

L'ADMINISTRATION DE LA PRESSE. 1 v. 1 »

**A. GERMAIN**

MARTYROLOGE DE LA PRESSE. 1 vol. . 2 50

**LE COMTE D'HAUSSONVILLE**

LETTRE AU SÉNAT. 1 vol. . . . . 1 »

**LÉONCE DE LAVERGNE**

LA CONSTITUTION DE 1852 ET LE DÉCRET DU 24 NOVEMBRE. 1 vol. . 1 »

**ED. DE SONNIER**

LES DROITS POLITIQUES DANS LES ÉLECTIONS. — Manuel de l'Électeur et du Candidat. 1 vol. . . . 1 »

***

LA LIBERTÉ RELIGIEUSE ET LA LÉGISLATION ACTUELLE. 1 vol. . . . 1 »

# COLLECTION MICHEL LÉVY

## ET BIBLIOTHÈQUE DE LA LIBRAIRIE NOUVELLE

**1 franc le volume grand in-18 de 300 à 400 pages**

---

### AMÉDÉE ACHARD (vol.)

Les Dernières marquises . . . . . . 1
Les Femmes honnêtes. . . . . . . . 1
Parisiennes et provinciales. . . . . 1
La Robe de Nessus. . . . . . . . . 1

### ACHIM D'ARNIM

*Traduction Th. Gautier fils*

Contes bizarres . . . . . . . . . . 1

### ADOLPHE ADAM

Souvenirs d'un musicien . . . . . . 1
Derniers souvenirs d'un musicien. 1

### W.-H. AINSWORTH

*Traduction B.-H. Revoil*

Le Gentilhomme des grandes routes . . . . . . . . . . . . . . 2

### GUSTAVE D'ALAUX

L'Empereur Soulouque et son empire. 1

### ***

Madame la duchesse d'Orléans, Hélène de Mecklenbourg-Schwerin. 1

### ***

Souvenirs d'un officier du 2e de zouaves . . . . . . . . . . . . . . 1

### ALFRED ASSOLLANT

Histoire fantastique de Pierrot. . 1

### XAVIER AUBRYET

La Femme de vingt-cinq ans. . . . 1

### ÉMILE AUGIER *de l'Acad. française*

Poésies complètes . . . . . . . . . 1

### ***

Les Zouaves et les chasseurs à pied. 1

### J. AUTRAN

Milianah. Épisode des guer. d'Afrique. 1

### THÉODORE DE BANVILLE

Odes funambulesques . . . . . . . 1

### J. BARBEY D'AUREVILLY

L'Amour impossible. . . . . . . . . 1
L'Ensorcelée. . . . . . . . . . . . 1

### ODYSSE BAROT

Histoire des idées au XIXe siècle. — Émile de Girardin. . . . . . . . . 1

### Mme DE BASSANVILLE

Les Secrets d'une jeune fille . . . . 1

### BEAUMARCHAIS

Théâtre, précédé d'une Notice sur sa vie et ses ouvrages, par *Louis de Loménie* . . . . . . . . . . . . . 1

### ROGER DE BEAUVOIR

Aventurières et courtisanes. . . . 1
Le Cabaret des morts. . . . . . . . 1
Le Chevalier de Charny. . . . . . . 1
Le Chevalier de Saint-Georges . . . 1
Histoires cavalières . . . . . . . . 1

### ROGER DE BEAUVOIR (*Suite*) (vol.)

La Lescombat . . . . . . . . . . . 1
Mademoiselle de Choisy . . . . . . 1
Le Moulin d'Heilly. . . . . . . . . 1
Le Pauvre diable . . . . . . . . . 1
Les Soirées du Lido. . . . . . . . 1
Les Trois Rohan. . . . . . . . . . 1

### Mme ROGER DE BEAUVOIR

Confidences de Mlle Mars . . . . . 1
Sous le masque . . . . . . . . . . 1

### HENRI BÉCHADE

La Chasse en Algérie. . . . . . . . 1

### Mme BEECHER STOWE

La Case de l'oncle Tom. (*Traduction L. Pilatte*) . . . . . . . . . . . 2
Souvenirs heureux. (*Traduction E. Forcade*) . . . . . . . . . . . 3

### GEORGES BELL

Scènes de la vie de château . . . 1

### A. DE BERNARD

Le Portrait de la marquise. . . . 1

### CHARLES DE BERNARD

Les Ailes d'Icare . . . . . . . . . 1
Un Beau-père . . . . . . . . . . . 2
L'Écueil. . . . . . . . . . . . . . 1
Le Gentilhomme campagnard . . . . 2
Gerfaut . . . . . . . . . . . . . . 1
Un Homme sérieux . . . . . . . . . 1
Le Nœud gordien . . . . . . . . . 1
Le Paratonnerre. . . . . . . . . . 1
Le Paravent. . . . . . . . . . . . 1
La Peau du lion et la Chasse aux amants . . . . . . . . . . . . . . 1

### ÉLIE BERTHET

La Bastide rouge . . . . . . . . . 1
Les Chauffeurs . . . . . . . . . . 1
Le Dernier Irlandais . . . . . . . 1
La Roche tremblante . . . . . . . 1

### CAROLINE BERTON

Rosette . . . . . . . . . . . . . . 1

### CH. DE BOIGNE

Les Petits mémoires de l'Opéra . . 1

### LOUIS BOUILHET

Melænis, conte romain . . . . . . 1

### RAOUL BRAVARD

L'Honneur des femmes . . . . . . . 1
Une Petite ville . . . . . . . . . . 1
La Revanche de Georges Dandin . . 1

### A. DE BRÉHAT

Bras d'acier. . . . . . . . . . . . 1
Scènes de la vie contemporaine. . 1

### A. BRIZEUX

Les Bretons . . . . . . . . . . . . 1

**MAX BUCHON** vol.

EN PROVINCE . . . . 1

**E.-L. BULWER**
*Traduction Amédée Pichot*

LA FAMILLE CAXTON . . . . 2
LE JOUR ET LA NUIT . . . . 2

**S. CAMBRAY**

LE MOULIN . . . . 1

**ÉMILIE CARLEN**
*Traduction Marie Souvestre*

DEUX JEUNES FEMMES . . . . 1

**ÉMILE CARREY**

L'AMAZONE. HUIT JOURS SOUS L'ÉQUATEUR 1
— LES MÉTIS DE LA SAVANE. 1
— LES RÉVOLTÉS DU PARA. 1

**HIPPOLYTE CASTILLE**

HISTOIRES DE MÉNAGE . . . . 1

**CHAMPFLEURY**

LES AMOUREUX DE SAINTE-PÉRINE . . . 1
AVENTURES DE MADEMOISELLE MARIETTE. 1
LES BOURGEOIS DE MOLINCHART . . . 1
CHIEN-CAILLOU . . . . 1
LES EXCENTRIQUES . . . . 1
M. DE BOISDHYVER . . . . 1
LES PREMIERS BEAUX JOURS . . . . 1
LE RÉALISME . . . . 1
LES SENSATIONS DE JOSQUIN . . . . 1
SOUFFRANCES DU PROFESSEUR DELTEIL. 1
SOUVENIRS DES FUNAMBULES . . . . 1
LA SUCCESSION LE CAMUS . . . . 1
L'USURIER BLAIZOT . . . . 1

**PHILARÈTE CHASLES**

LE VIEUX MÉDECIN . . . . 1

**F. DE CHATEAUBRIAND**

ATALA — RENÉ — LE DERNIER ABENCÉRAGE, avec une étude de *M. Sainte-Beuve*. 1
LE GÉNIE DU CHRISTIANISME, avec un avant-propos de *M. Guizot* . . . . 2
LES MARTYRS . . . . 2
LES NATCHEZ . . . . 2
LE PARADIS PERDU *de Milton* (traduc.) 1

**GUSTAVE CLAUDIN**

POINT ET VIRGULE . . . . 1

**Mme LOUISE COLET**

QUARANTE-CINQ LETTRES DE BÉRANGER. 1

**HENRI CONSCIENCE**

L'ANNÉE DES MERVEILLES . . . . 1
AURÉLIEN . . . . 2
BATAVIA . . . . 1
LES BOURGEOIS DE DARLINGEN . . . . 1
LE CONSCRIT . . . . 1
LE COUREUR DES GRÈVES . . . . 1
LE DÉMON DE L'ARGENT . . . . 1
LE DÉMON DU JEU . . . . 1
LES DRAMES FLAMANDS . . . . 1
LE FLÉAU DU VILLAGE . . . . 1
LE GENTILHOMME PAUVRE . . . . 1
LA GUERRE DES PAYSANS . . . . 1
HEURES DU SOIR . . . . 1
LE JEUNE DOCTEUR . . . . 1
LE LION DE FLANDRE . . . . 2
LE MAL DU SIÈCLE . . . . 1
LE MARCHAND D'ANVERS . . . . 1
LA MÈRE JOB . . . . 1
L'ORPHELINE . . . . 1
SCÈNES DE LA VIE FLAMANDE . . . . 2
SOUVENIRS DE JEUNESSE . . . . 1
LA TOMBE DE FER . . . . 1
LE TRIBUN DE GAND . . . . 2
LES VEILLÉES FLAMANDES . . . . 1

**H. CORNE** vol.

SOUVENIRS D'UN PROSCRIT POLONAIS . . . 1

**P. CORNEILLE**

ŒUVRES, précéd. d'une notice sur sa vie et ses ouvrages par *M. Sainte-Beuve*. 2

**LA COMTESSE DASH**

UN AMOUR COUPABLE . . . . 1
LES AMOURS DE LA BELLE AURORE . . . 2
LES BALS MASQUÉS . . . . 1
LA BELLE PARISIENNE . . . . 1
LA CHAINE D'OR . . . . 1
LA CHAMBRE BLEUE . . . . 1
LE CHATEAU DE LA ROCHE-SANGLANTE. 1
LES CHATEAUX EN AFRIQUE . . . . 1
LA DAME DU CHATEAU MURÉ . . . . 1
LES DEGRÉS DE L'ÉCHELLE . . . . 1
LA DERNIÈRE EXPIATION . . . . 2
LA DUCHESSE DE LAUZUN . . . . 3
LA DUCHESSE D'ÉPONNES . . . . 1
LES FOLIES DU CŒUR . . . . 1
LE FRUIT DÉFENDU . . . . 1
LES GALANTERIES DE LA COUR DE LOUIS XV. 4
— LA RÉGENCE . . . . 1
— LA JEUNESSE DE LOUIS XV . . . . 1
— LES MAITRESSES DU ROI . . . . 1
— LE PARC AUX CERFS . . . . 1
LE JEU DE LA REINE . . . . 1
LA JOLIE BOHÉMIENNE . . . . 1
LES LIONS DE PARIS . . . . 1
MADAME LOUISE DE FRANCE . . . . 1
MADAME DE LA SABLIÈRE . . . . 1
MADEMOISELLE DE LA TOUR DU PIN . . . 1
LA MAIN GAUCHE ET LA MAIN DROITE . . 1
LA MARQUISE DE PARABÈRE . . . . 1
LA MARQUISE SANGLANTE . . . . 1
LE NEUF DE PIQUE . . . . 1
LA POUDRE ET LA NEIGE . . . . 1
UN PROCÈS CRIMINEL . . . . 1
UNE RIVALE DE LA POMPADOUR . . . . 1
LE SALON DU DIABLE . . . . 1
LES SECRETS D'UNE SORCIÈRE . . . . 2
LA SORCIÈRE DU ROI . . . . 2
LES SUITES D'UNE FAUTE . . . . 1
TROIS AMOURS . . . . 1

**LE GÉNÉRAL DAUMAS**

LE GRAND DÉSERT . . . . 1

**E.-J. DELÉCLUZE**

DONA OLYMPIA . . . . 1
MADEMOISELLE JUSTINE DE LIRON . . 1
LA PREMIÈRE COMMUNION . . . . 1

**ÉDOUARD DELESSERT**

VOYAGE AUX VILLES MAUDITES . . . . 1

**PAUL DELTUF**

AVENTURES PARISIENNES . . . . 1
LES PETITS MALHEURS D'UNE JEUNE FEMME. 1

**CHARLES DICKENS** *Trad. Am. Pichot*

CONTES DE NOËL . . . . 1
LE NEVEU DE MA TANTE . . . . 2

**OCTAVE DIDIER**

UNE FILLE DE ROI . . . . 1
MADAME GEORGES . . . . 1

**MAXIME DU CAMP**

MÉMOIRES D'UN SUICIDÉ . . . . 1
LE SALON DE 1857 . . . . 1
LES SIX AVENTURES . . . . 1

**ALEXANDRE DUMAS**

ACTÉ . . . . 1
AMAURY . . . . 1
ANGE PITOU . . . . 2

| ALEXANDRE DUMAS (*Suite*) | vol. |
|---|---|
| ASCANIO | 2 |
| AVENTURES DE JOHN DAVYS | 2 |
| LES BALEINIERS | 2 |
| LE BATARD DE MAULÉON | 3 |
| BLACK | 1 |
| LA BOUILLIE DE LA COMTESSE BERTHE | 1 |
| LA BOULE DE NEIGE | 1 |
| BRIC-A-BRAC | 2 |
| UN CADET DE FAMILLE | 3 |
| LE CAPITAINE PAMPHILE | 1 |
| LE CAPITAINE PAUL | 1 |
| LE CAPITAINE RICHARD | 1 |
| CATHERINE BLUM | 1 |
| CAUSERIES | 2 |
| CÉCILE | 1 |
| CHARLES LE TÉMÉRAIRE | 2 |
| LE CHASSEUR DE SAUVAGINE | 1 |
| LE CHATEAU D'EPPSTEIN | 2 |
| LE CHEVALIER D'HARMENTAL | 2 |
| LE CHEVALIER DE MAISON-ROUGE | 2 |
| LE COLLIER DE LA REINE | 3 |
| LA COLOMBE. Maître Adam le Calabrais | 1 |
| LE COMTE DE MONTE-CRISTO | 6 |
| LA COMTESSE DE CHARNY | 6 |
| LA COMTESSE DE SALISBURY | 2 |
| LES COMPAGNONS DE JÉHU | 3 |
| LES CONFESSIONS DE LA MARQUISE | 2 |
| CONSCIENCE L'INNOCENT | 2 |
| LA DAME DE MONSOREAU | 3 |
| LA DAME DE VOLUPTÉ | 2 |
| LES DEUX DIANE | 3 |
| LES DEUX REINES | 2 |
| DIEU DISPOSE | 2 |
| LES DRAMES DE LA MER | 1 |
| LA FEMME AU COLLIER DE VELOURS | 1 |
| FERNANDE | 1 |
| UNE FILLE DU RÉGENT | 1 |
| LE FILS DU FORÇAT | 1 |
| LES FRÈRES CORSES | 1 |
| GABRIEL LAMBERT | 1 |
| GAULE ET FRANCE | 1 |
| GEORGES | 1 |
| UN GIL BLAS EN CALIFORNIE | 1 |
| LES GRANDS HOMMES EN ROBE DE CHAMBRE — CÉSAR | 2 |
| — HENRI IV — LOUIS XIII ET RICHELIEU | 2 |
| LA GUERRE DES FEMMES | 2 |
| HISTOIRE D'UN CASSE-NOISETTE | 1 |
| L'HOROSCOPE | 1 |
| IMPRESSIONS DE VOYAGE — EN SUISSE | 3 |
| — EN RUSSIE | 4 |
| — UNE ANNÉE A FLORENCE | 1 |
| — L'ARABIE HEUREUSE | 3 |
| — LES BORDS DU RHIN | 2 |
| — LE CAPITAINE ARÉNA | 1 |
| — LE CAUCASE | 3 |
| — LE CORRICOLO | 2 |
| — LE MIDI DE LA FRANCE | 2 |
| — DE PARIS A CADIX | 2 |
| — QUINZE JOURS AU SINAI | 1 |
| — LE SPERONARE | 2 |
| — LE VÉLOCE | 2 |
| — LA VILLA PALMIERI | 1 |
| INGÉNUE | 2 |
| ISABEL DE BAVIÈRE | 2 |
| ITALIENS ET FLAMANDS | 2 |
| IVANHOE de W. Scott (*Traduction*) | 2 |
| JANE | 1 |
| JEHANNE LA PUCELLE | 1 |

| ALEXANDRE DUMAS (*Suite*) | vol. |
|---|---|
| LOUIS XIV ET SON SIÈCLE | 4 |
| LOUIS XV ET SA COUR | 2 |
| LOUIS XVI ET LA RÉVOLUTION | 2 |
| LES LOUVES DE MACHECOUL | 3 |
| MADAME DE CHAMBLAY | 2 |
| LA MAISON DE GLACE | 2 |
| LE MAITRE D'ARMES | 1 |
| LES MARIAGES DU PÈRE OLIFUS | 1 |
| LES MÉDICIS | 1 |
| MES MÉMOIRES | 10 |
| MÉMOIRES DE GARIBALDI | 2 |
| MÉMOIRES D'UNE AVEUGLE | 2 |
| MÉMOIRES D'UN MÉDECIN (BALSAMO) | 5 |
| LE MENEUR DE LOUPS | 1 |
| LES MILLE ET UN FANTOMES | 1 |
| LES MOHICANS DE PARIS | 4 |
| LES MORTS VONT VITE | 2 |
| NAPOLÉON | 1 |
| UNE NUIT A FLORENCE | 1 |
| OLYMPE DE CLÈVES | 3 |
| LE PAGE DU DUC DE SAVOIE | 2 |
| LE PASTEUR D'ASHBOURN | 2 |
| PAULINE ET PASCAL BRUNO | 1 |
| UN PAYS INCONNU | 1 |
| LE PÈRE GIGOGNE | 2 |
| LE PÈRE LA RUINE | 1 |
| LA PRINCESSE DE MONACO | 2 |
| LA PRINCESSE FLORA | 1 |
| LES QUARANTE-CINQ | 3 |
| LA RÉGENCE | 1 |
| LA REINE MARGOT | 2 |
| LA ROUTE DE VARENNES | 1 |
| LE SALTEADOR | 1 |
| SALVATOR | 5 |
| SOUVENIRS D'ANTONY | 1 |
| LES STUARTS | 1 |
| SULTANETTA | 1 |
| SYLVANDIRE | 1 |
| LE TESTAMENT DE M. CHAUVELIN | 1 |
| TROIS MAITRES | 1 |
| LES TROIS MOUSQUETAIRES | 2 |
| LE TROU DE L'ENFER | 1 |
| LA TULIPE NOIRE | 1 |
| LE VICOMTE DE BRAGELONNE | 6 |
| LA VIE AU DÉSERT | 2 |
| UNE VIE D'ARTISTE | 1 |
| VINGT ANS APRÈS | 3 |

| ALEXANDRE DUMAS FILS | |
|---|---|
| ANTONINE | 1 |
| AVENTURES DE QUATRE FEMMES | 1 |
| LA BOITE D'ARGENT | 1 |
| LA DAME AUX CAMÉLIAS | 1 |
| LA DAME AUX PERLES | 1 |
| DIANE DE LYS | 1 |
| LE DOCTEUR SERVANS | 1 |
| LE RÉGENT MUSTEL | 1 |
| LE ROMAN D'UNE FEMME | 1 |
| TROIS HOMMES FORTS | 1 |
| SOPHIE PRINTEMPS | 1 |
| TRISTAN LE ROUX | 1 |
| LA VIE A VINGT ANS | 1 |

| MISS EDGEWORTH — *Traduction Jousselin* | |
|---|---|
| DEMAIN! | 1 |

| GABRIEL D'ENTRAGUES | |
|---|---|
| HISTOIRES D'AMOUR ET D'ARGENT | 1 |

| ERCKMANN-CHATRIAN | |
|---|---|
| L'ILLUSTRE DOCTEUR MATHÉUS | 1 |

| **XAVIER EYMA** | vol. |
|---|---|
| AVENTURIERS ET CORSAIRES | 1 |
| LES FEMMES DU NOUVEAU-MONDE | 1 |
| LES PEAUX NOIRES | 1 |
| LES PEAUX ROUGES | 1 |
| LE ROI DES TROPIQUES | 1 |
| LE TRÔNE D'ARGENT | 1 |
| **GUSTAVE FLAUBERT** | |
| MADAME BOVARY | 2 |
| **PAUL FÉVAL** | |
| ALIZIA PAULI | 1 |
| LES AMOURS DE PARIS | 2 |
| BLANCHEFLEUR | 1 |
| LE BOSSU OU LE PETIT PARISIEN | 3 |
| LE CAPITAINE SIMON | 1 |
| LES COMPAGNONS DU SILENCE | 3 |
| LES DERNIÈRES FÉES | 1 |
| LES FANFARONS DU ROI | 1 |
| LE FILS DU DIABLE | 4 |
| LES NUITS DE PARIS | 1 |
| LA REINE DES ÉPÉES | 1 |
| LE TUEUR DE TIGRES | 1 |
| **PAUL FOUCHER** | |
| LA VIE DE PLAISIR | 1 |
| **ARNOULD FRÉMY** | |
| LES CONFESSIONS D'UN BOHÉMIEN | 1 |
| LES MAITRESSES PARISIENNES | 2 |
| **GALOPPE D'ONQUAIRE** | |
| LE DIABLE BOITEUX A PARIS | 1 |
| LE DIABLE BOITEUX EN PROVINCE | 1 |
| LE DIABLE BOITEUX AU VILLAGE | 1 |
| LE DIABLE BOITEUX AU CHATEAU | 1 |
| **THÉOPHILE GAUTIER** | |
| CONSTANTINOPLE | 1 |
| LES GROTESQUES | 1 |
| **SOPHIE GAY** | |
| ANATOLE | 1 |
| LE COMTE DE GUICHE | 1 |
| LA COMTESSE D'EGMONT | 1 |
| LA DUCHESSE DE CHATEAUROUX | 1 |
| ELLÉNORE | 2 |
| LE FAUX FRÈRE | 1 |
| LAURE D'ESTELL | 1 |
| LÉONIE DE MONTBREUSE | 1 |
| LES MALHEURS D'UN AMANT HEUREUX | 1 |
| UN MARIAGE SOUS L'EMPIRE | 1 |
| LE MARI CONFIDENT | 1 |
| MARIE DE MANCINI | 1 |
| MARIE-LOUISE D'ORLÉANS | 1 |
| LE MOQUEUR AMOUREUX | 1 |
| PHYSIOLOGIE DU RIDICULE | 1 |
| SALONS CÉLÈBRES | 1 |
| SOUVENIRS D'UNE VIEILLE FEMME | 1 |
| **JULES GÉRARD** | |
| LA CHASSE AU LION. *Orné de 12 dessins de Gust. Doré* | 1 |
| **GÉRARD DE NERVAL** | |
| LA BOHÊME GALANTE | 1 |
| LES FILLES DU FEU | 1 |
| LE MARQUIS DE FAYOLLE | 1 |
| SOUVENIRS D'ALLEMAGNE | 1 |
| **ÉMILE DE GIRARDIN** | |
| ÉMILE | 1 |
| **M^me ÉMILE DE GIRARDIN** | |
| CONTES D'UNE VIEILLE FILLE A SES NEVEUX | 1 |
| LA CROIX DE BERNY (*en société avec Th. Gautier, Méry et Jules Sandeau*) | 1 |

| **M^me ÉMILE DE GIRARDIN** (*Suite*) | vol. |
|---|---|
| MARGUERITE | 1 |
| M. LE MARQUIS DE PONTANGES | 1 |
| NOUVELLES — Le Lorgnon. — La Canne de M. de Balzac — Il ne faut pas jouer avec la douleur | 1 |
| POÉSIES COMPLÈTES | 1 |
| LE VICOMTE DE LAUNAY. Lettres parisiennes. *Edition complète* | 4 |
| **GŒTHE** *Traduction N. Fournier* | |
| WERTHER, avec notice, *d'H. Heine* | 1 |
| HERMANN ET DOROTHÉE | 1 |
| **OLIVIER GOLDSMITH** *Traduction N. Fournier* | |
| LE VICAIRE DE VAKEFIELD, avec étude *de lord Macaulay, trad. G. Guizot* | 1 |
| **LÉON GOZLAN** | |
| LE BARIL DE POUDRE D'OR | 1 |
| LA COMÉDIE ET LES COMÉDIENS | 1 |
| LA DERNIÈRE SŒUR GRISE | 1 |
| LE DRAGON ROUGE | 1 |
| ÉMOTIONS DE POLYDORE MARASQUIN | 1 |
| LA FAMILLE LAMBERT | 1 |
| LA FOLLE DU LOGIS | 1 |
| LE NOTAIRE DE CHANTILLY | 1 |
| LES NUITS DU PÈRE LACHAISE | 1 |
| **M^me MANOEL DE GRANDFORT** | |
| L'AUTRE MONDE | 1 |
| **LÉON HILAIRE** | |
| NOUVELLES FANTAISISTES | 1 |
| **HILDEBRAND** *Traduction Léon Wocquier* | |
| LA CHAMBRE OBSCURE | 1 |
| SCÈNES DE LA VIE HOLLANDAISE | 1 |
| **ARSÈNE HOUSSAYE** | |
| L'AMOUR COMME IL EST | 1 |
| LES FEMMES COMME ELLES SONT | 1 |
| LA VERTU DE ROSINE | 1 |
| **CHARLES HUGO** | |
| LA BOHÊME DORÉE | 2 |
| LA CHAISE DE PAILLE | 1 |
| **F. VICTOR HUGO** *Traducteur* | |
| LE FAUST ANGLAIS *de Marlowe* | 1 |
| SONNETS *de Shakspeare* | 1 |
| **F. HUGONNET** | |
| SOUVENIRS D'UN CHEF DE BUREAU ARABE | 1 |
| **JULES JANIN** | |
| L'ANE MORT | 1 |
| LE CHEMIN DE TRAVERSE | 1 |
| UN CŒUR POUR DEUX AMOURS | 1 |
| LA CONFESSION | 1 |
| **CHARLES JOBEY** | |
| L'AMOUR D'UN NÈGRE | 1 |
| **PAUL JUILLERAT** | |
| LES DEUX BALCONS | 1 |
| **ALPHONSE KARR** | |
| AGATHE ET CÉCILE | 1 |
| LE CHEMIN LE PLUS COURT | 1 |
| CLOTILDE | 1 |
| CLOVIS GOSSELIN | 1 |
| CONTES ET NOUVELLES | 1 |
| DEVANT LES TISONS | 1 |
| LA FAMILLE ALAIN | 1 |
| LES FEMMES | 1 |
| ENCORE LES FEMMES | 1 |

### ALPHONSE KARR (*Suite*) vol.

FEU BRESSIER . . . . . . . . . . 1
LES FLEURS . . . . . . . . . . 1
GENEVIÈVE . . . . . . . . . . 1
LES GUÊPES . . . . . . . . . . 6
HORTENSE . . . . . . . . . . 1
MENUS PROPOS . . . . . . . . . . 1
MIDI A QUATORZE HEURES . . . . . . . 1
LA PÊCHE EN EAU DOUCE ET EN EAU SALÉE . 1
LA PÉNÉLOPE NORMANDE . . . . . . . 1
UNE POIGNÉE DE VÉRITÉS . . . . . . 1
PROMENADES HORS DE MON JARDIN . . . 1
RAOUL . . . . . . . . . . 1
ROSES NOIRES ET ROSES BLEUES . . . . 1
LES SOIRÉES DE SAINTE-ADRESSE . . . . 1
SOUS LES ORANGERS . . . . . . . . 1
SOUS LES TILLEULS . . . . . . . . 1
TROIS CENTS PAGES . . . . . . . . 1
VOYAGE AUTOUR DE MON JARDIN . . . . 1

### KAUFFMANN

BRILLAT LE MENUISIER . . . . . . . . 1

### LÉOPOLD KOMPERT
*Traduction Daniel Stauben*

LES JUIFS DE LA BOHÊME . . . . . . . 1
SCÈNES DU GHETTO . . . . . . . . . 1

### DE LACRETELLE

LA POSTE AUX CHEVAUX . . . . . . . 1

### Mme LAFARGE
*née Marie Capelle*

HEURES DE PRISON . . . . . . . . . 1

### G. DE LA LANDELLE

LES PASSAGÈRES . . . . . . . . . 1

### CHARLES LAFONT

LES LÉGENDES DE LA CHARITÉ . . . . . 1

### STEPHEN DE LA MADELAINE

LE SECRET D'UNE RENOMMÉE . . . . . 1

### JULES DE LA MADELÈNE

LES AMES EN PEINE . . . . . . . . . 1
LE MARQUIS DES SAFFRAS . . . . . . . 1

### A. DE LAMARTINE

ANTAR . . . . . . . . . . 1
BALZAC ET SES ŒUVRES . . . . . . . 1
BENVENUTO CELLINI . . . . . . . . 1
BOSSUET . . . . . . . . . . 1
CHRISTOPHE COLOMB . . . . . . . . 1
CICÉRON . . . . . . . . . . 1
LES CONFIDENCES . . . . . . . . . 1
LE CONSEILLER DU PEUPLE . . . . . . 6
CROMWELL . . . . . . . . . . 1
FÉNELON . . . . . . . . . . 1
LES FOYERS DU PEUPLE . . . . . . . 2
GENEVIÈVE. Histoire d'une servante . . 1
GRAZIELLA . . . . . . . . . . 1
GUILLAUME TELL . . . . . . . . . 1
HÉLOÏSE ET ABÉLARD . . . . . . . . 1
HOMÈRE ET SOCRATE . . . . . . . . 1
JACQUARD — GUTENBERG . . . . . . . 1
JEAN-JACQUES ROUSSEAU . . . . . . . 1
JEANNE D'ARC . . . . . . . . . . 1
Mme DE SÉVIGNÉ . . . . . . . . . 1
NELSON . . . . . . . . . . 1
RÉGINA . . . . . . . . . . 1
RUSTEM . . . . . . . . . . 1
TOUSSAINT LOUVERTURE . . . . . . . 1
VIE DU TASSE . . . . . . . . . . 1

### L'ABBÉ DE LAMENNAIS vol.

LE LIVRE DU PEUPLE, avec une étude de *M. Ernest Renan* . . . . . . . 1
PAROLES D'UN CROYANT, avec une étude de *M. Sainte-Beuve* . . . . . . . 1

### VICTOR DE LAPRADE

PSYCHÉ . . . . . . . . . . 1

### CHARLES DE LA ROUNAT

LA COMÉDIE DE L'AMOUR . . . . . . . 1

### THÉOPHILE LAVALLÉE

HISTOIRE DE PARIS . . . . . . . . 2

### CARLE LEDHUY

LE CAPITAINE D'AVENTURES . . . . . . 1
LE FILS MAUDIT . . . . . . . . . 1
LA NUIT TERRIBLE . . . . . . . . . 1

### LÉOUZON LE DUC

L'EMPEREUR ALEXANDRE II . . . . . . 1

### LOUIS LURINE

ICI L'ON AIME . . . . . . . . . . 1

### FÉLICIEN MALLEFILLE

LE CAPITAINE LAROSE . . . . . . . . 1
MARCEL . . . . . . . . . . 1
MÉMOIRES DE DON JUAN . . . . . . . 2
MONSIEUR CORBEAU . . . . . . . . 1

### CH. MARCOTTE DE QUIVIÈRES

DEUX ANS EN AFRIQUE. Avec une introduction du *bibliophile Jacob* . . . 1

### MARIVAUX

THÉATRE. Précédé d'une notice par *Paul de St-Victor* . . . . . . . 1

### X. MARMIER

AU BORD DE LA NÉVA . . . . . . . . 1
LES DRAMES INTIMES . . . . . . . . 1
UNE GRANDE DAME RUSSE . . . . . . 1
HISTOIRES ALLEMANDES ET SCANDINAVES . 1

### LE DOCTEUR FÉLIX MAYNARD

UN DRAME DANS LES MERS BORÉALES . . 1
JOURNAL D'UNE DAME ANGLAISE . . . . 1
VOYAGES ET AVENTURES AU CHILI . . . 1

### LE CAPITAINE MAYNE-REID
*Traduction Allyre Bureau*

LES CHASSEURS DE CHEVELURES . . . . 1

### MÉRY

UN AMOUR DANS L'AVENIR . . . . . . 1
ANDRÉ CHÉNIER . . . . . . . . . . 1
LA CHASSE AU CHASTRE . . . . . . . 1
LE CHATEAU DES TROIS TOURS . . . . 1
LE CHATEAU VERT . . . . . . . . . 1
UNE CONSPIRATION AU LOUVRE . . . . 1
LES DAMNÉS DE L'INDE . . . . . . . 1
UNE HISTOIRE DE FAMILLE . . . . . . 1
UNE NUIT DU MIDI . . . . . . . . . 1
LES NUITS ANGLAISES . . . . . . . . 1
LES NUITS D'ORIENT . . . . . . . . 1
LES NUITS ITALIENNES . . . . . . . 1
LES NUITS PARISIENNES . . . . . . . 1
SALONS ET SOUTERRAINS DE PARIS . . . 1
LE TRANSPORTÉ . . . . . . . . . . 1

### PAUL MEURICE

LES TYRANS DE VILLAGE . . . . . . . 1

### PAUL DE MOLÈNES

AVENTURES DU TEMPS PASSÉ . . . . . 1
CARACTÈRES ET RÉCITS DU TEMPS . . . 1
CHRONIQUES CONTEMPORAINES . . . . . 1
HISTOIRES INTIMES . . . . . . . . . 1
HISTOIRES SENTIMENTALES ET MILITAIRES 1
MÉM. D'UN GENTILH. DU SIÈCLE DERNIER . 1

### GEORGE SAND (*Suite*) — vol.

HISTOIRE DE MA VIE. . . . . . . . . 10
L'HOMME DE NEIGE. . . . . . . . . 3
HORACE. . . . . . . . . . . . . 1
ISIDORA. . . . . . . . . . . . . 1
JEANNE. . . . . . . . . . . . . 1
LÉLIA — Métella — Melchior — Cora. 2
LUCREZIA FLORIANI — Lavinia . . . . 1
LE MEUNIER D'ANGIBAULT. . . . . . . 1
NARCISSE. . . . . . . . . . . . 1
LE PÉCHÉ DE M. ANTOINE. . . . . . 2
LE PICCININO. . . . . . . . . . . 2
PROMENADES AUTOUR D'UN VILLAGE. . . 1
LE SECRÉTAIRE INTIME. . . . . . . 1
SIMON . . . . . . . . . . . . . 1
TEVERINO — Léone Léoni . . . . . . 1
L'USCOQUE . . . . . . . . . . . . 1

### JULES SANDEAU

CATHERINE . . . . . . . . . . . . 1
NOUVELLES . . . . . . . . . . . . 1
SACS ET PARCHEMINS. . . . . . . . 1

### EUGÈNE SCRIBE

COMÉDIES. . . . . . . . . . . . . 3
OPÉRAS. . . . . . . . . . . . . . 2
OPÉRAS-COMIQUES. . . . . . . . . 5
COMÉDIES-VAUDEVILLES. . . . . . . 10

### ALBÉRIC SECOND

CONTES SANS PRÉTENTION. . . . . . 1

### FRÉDÉRIC SOULIÉ

AU JOUR LE JOUR. . . . . . . . . 1
LES AVENTURES DE SATURNIN FICHET. 2
LE BANANIER — EULALIE PONTOIS. . . 1
LE CHATEAU DES PYRÉNÉES. . . . . . 2
LE COMTE DE FOIX . . . . . . . . 1
LE COMTE DE TOULOUSE. . . . . . . 1
LA COMTESSE DE MONRION. . . . . . 1
CONFESSION GÉNÉRALE . . . . . . . 2
LE CONSEILLER D'ÉTAT. . . . . . . 1
CONTES POUR LES ENFANTS. . . . . 1
LES DEUX CADAVRES. . . . . . . . 1
DIANE ET LOUISE . . . . . . . . . 1
LES DRAMES INCONNUS. . . . . . . 5
— LA MAISON Nº 3 DE LA RUE DE PROVENCE . . . . . . . . . . . . . 1
— AVENTURES D'UN CADET DE FAMILLE . 1
— LES AMOURS DE VICTOR BONSENNE. . 1
— OLIVIER DUHAMEL. . . . . . . . 2
UN ÉTÉ A MEUDON. . . . . . . . . 1
LES FORGERONS. . . . . . . . . . 1
HUIT JOURS AU CHATEAU. . . . . . 1
LA LIONNE . . . . . . . . . . . . 1
LE MAGNÉTISEUR. . . . . . . . . . 1
UN MALHEUR COMPLET. . . . . . . . 1
MARGUERITE. . . . . . . . . . . . 1
LE MAITRE D'ÉCOLE . . . . . . . . 1
LES MÉMOIRES DU DIABLE. . . . . . 3
LE PORT DE CRÉTEIL. . . . . . . . 1
LES PRÉTENDUS. . . . . . . . . . 1
LES QUATRE ÉPOQUES . . . . . . . 1
LES QUATRE NAPOLITAINES. . . . . 2
LES QUATRE SŒURS . . . . . . . . 1
UN RÊVE D'AMOUR — LA CHAMBRIÈRE. 1
SATHANIEL . . . . . . . . . . . . 1
SI JEUNESSE SAVAIT, SI VIEILLESSE POUVAIT. . . . . . . . . . . . . 2
LE VICOMTE DE BÉZIERS . . . . . . 1

### ÉMILE SOUVESTRE — vol.

LES ANGES DU FOYER. . . . . . . . 1
AU BORD DU LAC. . . . . . . . . . 1
AU BOUT DU MONDE. . . . . . . . . 1
AU COIN DU FEU. . . . . . . . . . 1
CAUSERIES HISTORIQUES ET LITTÉRAIRES. 3
CHRONIQUES DE LA MER. . . . . . . 1
LES CLAIRIÈRES. . . . . . . . . . 1
CONFESSIONS D'UN OUVRIER. . . . . 1
CONTES ET NOUVELLES. . . . . . . 1
DANS LA PRAIRIE. . . . . . . . . 1
LES DERNIERS BRETONS. . . . . . . 2
LES DERNIERS PAYSANS. . . . . . . 1
DEUX MISÈRES. . . . . . . . . . . 1
LES DRAMES PARISIENS. . . . . . . 1
L'ÉCHELLE DE FEMMES . . . . . . . 1
EN FAMILLE. . . . . . . . . . . . 1
EN QUARANTAINE. . . . . . . . . . 1
LE FOYER BRETON. . . . . . . . . 2
LA GOUTTE D'EAU. . . . . . . . . 1
HISTOIRES D'AUTREFOIS. . . . . . 1
L'HOMME ET L'ARGENT. . . . . . . 1
LOIN DU PAYS. . . . . . . . . . . 1
LA LUNE DE MIEL. . . . . . . . . 1
LA MAISON ROUGE . . . . . . . . . 1
LE MAT DE COCAGNE. . . . . . . . 1
LE MÉMORIAL DE FAMILLE. . . . . . 1
LE MENDIANT DE SAINT-ROCH. . . . . 1
LE MONDE TEL QU'IL SERA. . . . . 1
LE PASTEUR D'HOMMES. . . . . . . 1
LES PÉCHÉS DE JEUNESSE. . . . . . 1
PENDANT LA MOISSON. . . . . . . . 1
UN PHILOSOPHE SOUS LES TOITS . . . 1
PIERRE ET JEAN. . . . . . . . . . 1
RÉCITS ET SOUVENIRS. . . . . . . 1
LES RÉPROUVÉS ET LES ÉLUS. . . . 2
RICHE ET PAUVRE. . . . . . . . . 1
LE ROI DU MONDE. . . . . . . . . 2
SCÈNES DE LA CHOUANNERIE . . . . . 1
SCÈNES DE LA VIE INTIME. . . . . 1
SCÈNES ET RÉCITS DES ALPES. . . . 1
LES SOIRÉES DE MEUDON. . . . . . 1
SOUS LA TONNELLE . . . . . . . . 1
SOUS LES FILETS . . . . . . . . . 1
SOUS LES OMBRAGES. . . . . . . . 1
SOUVENIRS D'UN BAS-BRETON . . . . 2
SOUV. D'UN VIEILLARD. La dernière étape 1
SUR LA PELOUSE. . . . . . . . . . 1
THÉATRE DE LA JEUNESSE . . . . . 1
TROIS FEMMES . . . . . . . . . . 1
LA VALISE NOIRE. . . . . . . . . 1

### MARIE SOUVESTRE

PAUL FERROLL, *traduit de l'anglais*. . 1

### DANIEL STAUBEN

SCÈNES DE LA VIE JUIVE EN ALSACE. 1

### DE STENDHAL (H. BEYLE)

DE L'AMOUR. . . . . . . . . . . . 1
CHRONIQUES ET NOUVELLES. . . . . 1
LA CHARTREUSE DE PARME. . . . . . 1
CHRONIQUES ITALIENNES. . . . . . 1
MÉMOIRES D'UN TOURISTE. . . . . . 2
PROMENADES DANS ROME. . . . . . . 2
LE ROUGE ET LE NOIR. . . . . . . 1

**STERNE** *Trad. N. Fournier* vol.
VOYAGE SENTIMENTAL, avec Notice de *Walter-Scott* . . . . . . . . . . 1

**EUGÈNE SUE**
LA BONNE AVENTURE . . . . . . . . . 2
LE DIABLE MÉDECIN . . . . . . . . . 3
— ADÈLE VERNEUIL . . . . . . . . . 1
— CLÉMENCE HERVÉ . . . . . . . . . 1
— LA GRANDE DAME . . . . . . . . . 1
LES FILS DE FAMILLE . . . . . . . . . 3
GILBERT ET GILBERTE . . . . . . . . . 3
LES SECRETS DE L'OREILLER . . . . . . 3
LES SEPT PÉCHÉS CAPITAUX . . . . . . 6
— L'ORGUEIL . . . . . . . . . . . 2
— L'ENVIE — LA COLÈRE . . . . . . 2
— LA LUXURE — LA PARESSE . . . . 1
— L'AVARICE — LA GOURMANDISE . . . 1

**Mme DE SURVILLE** née DE BALZAC
BALZAC, SA VIE ET SES ŒUVRES . . . . . 1

**FRANÇOIS TALON**
LES MARIAGES MANQUÉS . . . . . . . . 1

**E. TEXIER**
AMOUR ET FINANCE . . . . . . . . . . 1

**WILLIAM THACKERAY**
*Traduction W. Hughes*
LES MÉMOIRES D'UN VALET DE PIED . . 1

**LOUIS ULBACH**
LES SECRETS DU DIABLE . . . . . . . 1
SUZANNE DUCHEMIN . . . . . . . . . . 1
LA VOIX DU SANG . . . . . . . . . . 1

**JULES DE WAILLY FILS** vol.
SCÈNES DE LA VIE DE FAMILLE . . . . 1

**OSCAR DE VALLÉE**
LES MANIEURS D'ARGENT . . . . . . . 1

**VALOIS DE FORVILLE**
LE COMTE DE SAINT-POL . . . . . . . 1
LE CONSCRIT DE L'AN VIII . . . . . . 1
LE MARQUIS DE PAZAVAL . . . . . . . 1

**MAX VALREY**
LES FILLES SANS DOT . . . . . . . . 1
MARTHE DE MONTBRUN . . . . . . . . 1

**V. VERNEUIL**
MES AVENTURES AU SÉNÉGAL . . . . . . 1

**LE DOCTEUR L. VÉRON**
CINQ CENT MILLE FRANCS DE RENTE . . 1
MÉMOIRES D'UN BOURGEOIS DE PARIS . . 5

**CHARLES VINCENT ET DAVID**
LE TUEUR DE BRIGANDS . . . . . . . . 1

**FRANCIS WEY**
LES ANGLAIS CHEZ EUX . . . . . . . . 1
LONDRES IL Y A CENT ANS . . . . . . 1

---

## COLLECTION A 50 CENTIMES

**Jolis volumes format grand in-32, sur beau papier**

**UN ASTROLOGUE** vol.
LA COMÈTE ET LE CROISSANT. Présages et prophéties sur la Guerre d'Orient. 1

**GUSTAVE CLAUDIN**
PALSAMBLEU! . . . . . . . . . . . . 1

**Mme LOUISE COLET**
QUATRE POÈMES couronnés par l'Académie . . . . . . . . . . . . . . 1

**ALEXANDRE DUMAS**
LA JEUNESSE DE PIERROT. Conte de fée. . 1
MARIE DORVAL . . . . . . . . . . . . 1

**HENRY DE LA MADELÈNE**
GERMAIN BARBE-BLEUE . . . . . . . . 1

**MÉRY**
LES AMANTS DU VÉSUVE . . . . . . . . 1

**LÉON PAILLET** vol.
VOLEURS ET VOLÉS . . . . . . . . . . 1

**J. PETIT-SENN**
BLUETTES ET BOUTADES . . . . . . . . 1

**NESTOR ROQUEPLAN**
LES COULISSES DE L'OPÉRA . . . . . . 1

**AURÉLIEN SCHOLL**
CLAUDE LE BORGNE . . . . . . . . . . 1

**EDMOND TEXIER**
UNE HISTOIRE D'HIER . . . . . . . . 1

**H. DE VILLEMESSANT**
LES CANCANS . . . . . . . . . . . . 1

**WARNER**
SCHAMYL, le Prophète du Caucase. . . 1

# COLLECTION FORMAT IN-32

## 1 FRANC LE VOLUME

### Jolis volumes papier vélin

ÉMILE AUGIER — vol.

LES PARIÉTAIRES. poésies. . . . . . 1

BAISSAC

LES FEMMES DANS LES TEMPS ANCIENS. 1
LES FEMMES DANS LES TEMPS MODERNES. 1

H. DE BALZAC

LES FEMMES . . . . . . . . . . . . 1

THÉODORE DE BANVILLE

LES PAUVRES SALTIMBANQUES. . . . . 1
LA VIE D'UNE COMÉDIENNE. . . . . . 1

A. DE BELLOY

PHYSIONOMIES CONTEMPORAINES. . . . 1
PORTRAITS ET SOUVENIRS . . . . . . 1

ALFRED BOUGEARD

LES MORALISTES OUBLIÉS. . . . . . . 1

ÉMILE DESCHANEL

LE BIEN et LE MAL qu'on a dit des enfants. . . . . . . . . . . . . . 1
HISTOIRE DE LA CONVERSATION. . . . 1
LE MAL QU'ON A DIT DE L'AMOUR. . . 1

CHARLES DESMAZE

MAURICE QUENTIN DE LA TOUR. . . . 1

XAVIER EYMA

EXCENTRICITÉS AMÉRICAINES . . . . . 1

OL. GOLDSMITH *Trad. Alph. Esquiros*

VOYAGE D'UN CHINOIS EN ANGLETERRE. 1

LÉON GOZLAN

BALZAC EN PANTOUFLES . . . . . . . 1
LES MAITRESSES A PARIS . . . . . . 1
UNE SOIRÉE DANS L'AUTRE MONDE . . 1

LE COMTE F. DE GRAMMONT

COMMENT ON SE MARIE . . . . . . . 1
COMMENT ON VIENT et COMMENT ON S'EN VA . . . . . . . . . . . . . 1

CHARLES JOLIET

L'ESPRIT DE DIDEROT . . . . . . . . 1

LAURENT JAN

MISANTHROPIE SANS REPENTIR . . . . 1

E. DE LA BÉDOLLIÈRE

HISTOIRE DE LA MODE EN FRANCE . . 1

A. DE LAMARTINE

LES VISIONS. . . . . . . . . . . . . 1

LARCHER ET JULIEN — vol.

CE QU'ON a dit de la FIDÉLITÉ et de L'INFIDÉLITÉ . . . . . . . . . . . 1

ALBERT DE LASALLE

HISTOIRE DES BOUFFES-PARISIENS. . . . 1

ALFRED DE LÉRIS

MES VIEUX AMIS. . . . . . . . . . . 1
TROIS NOUVELLES ET UN CONTE. . . . 1

ALBERT LHERMITE

UN SCEPTIQUE S'IL VOUS PLAIT. . . . 1

M^me^ MANNOURY-LACOUR

ASPHODÈLES. . . . . . . . . . . . . 1
SOLITUDES. 2e *édition* . . . . . . . 1

MÉRY

ANGLAIS ET CHINOIS. . . . . . . . . 1
HISTOIRE D'UNE COLLINE. . . . . . . 1

MICHELET

POLOGNE ET RUSSIE. . . . . . . . . 1

HENRY MONNIER

LES BOURGEOIS AUX CHAMPS . . . . . 1
GALERIE D'ORIGINAUX . . . . . . . . 1
LES PETITES GENS. . . . . . . . . . 1

CHARLES MONSELET

LA CUISINIÈRE POÉTIQUE. . . . . . . 1

HENRY MURGER

BALLADES ET FANTAISIES. . . . . . . 1
PROPOS DE VILLE ET PROPOS DE THÉATRE. 1

EUGÈNE NOEL

RABELAIS. . . . . . . . . . . . . . 1
LA VIE DES FLEURS ET DES FRUITS . 1

F. PONSARD

HOMÈRE. Poëme . . . . . . . . . . . 1

JULES SANDEAU

LE CHATEAU DE MONTSABREY. . . . . 1
OLIVIER . . . . . . . . . . . . . . 1

***

PARIS CHEZ MUSARD. . . . . . . . . 1

P. J. STAHL

DE L'AMOUR ET DE LA JALOUSIE. . . 1
LES BIJOUX PARLANTS. . . . . . . . 1
L'ESPRIT DE VOLTAIRE. . . . . . . . 1
HIST D'UN PRINCE ET D'UNE PRINCESSE. 1

# OUVRAGES ILLUSTRÉS

## MISSION DE PHÉNICIE (1860-1861)

Par ERNEST RENAN. Planches exécutées sous la direction de M. THOBOIS, architecte. L'ouvrage se composera de 10 ou 12 livraisons. Chaque livraison, in-folio . . . . . . . . . . . . . . . . . . . . . . . . Prix : 10 fr.

## VOYAGES ET AVENTURES DANS L'AFRIQUE ÉQUATORIALE

Mœurs et coutumes des habitants — Chasses au Gorille, au Crocodile, au Léopard, à l'Éléphant, à l'Hippopotame, etc., par PAUL DU CHAILLU, membre correspondant de la Société géographique de New-York, de la Société d'histoire naturelle de Boston, et de la Société ethnographique américaine, avec illustrations et cartes. Édition française, revue et augmentée. 1 vol. grand in-8°. Prix broché, 15 fr.; demi-reliure chagrin, plats toile, doré sur tranches. . . . . . . . . . . Prix : 20 fr.

## VOYAGE DANS LES MERS DU NORD

A BORD DE LA CORVETTE LA REINE-HORTENSE

Par CHARLES EDMOND. 2me *édition*. 1 vol. grand in-8°, illustré de vignettes, de culs-de-lampe et de têtes de chapitres dessinés par KARL GIRARDET, d'après CH. GIRAUD. Prix broché : 15 fr.; demi-rel. chagrin, plats toile, doré sur tranches. Prix : 20 fr.

## ORATOIRE DE LA FAMILLE

Avec indulgences spéciales de S. S. le Pape PIE IX. Magnifique album in-folio, contenant les triptyques de Rubens et diverses compositions religieuses des grands maîtres, gravés par MM. Lagye, Gérard, Marche, Lacharlerie, Catenacci, Cabasson, Hébert et Pannemaker. Emboîtage, toile. . . . . . . . . . . . . Prix : 15 fr.

## L'ASSEMBLÉE NATIONALE COMIQUE

180 dessins inédits de CHAM, texte par A. LIREUX. 1 vol. très-grand in-8°. Prix, broché : 14 fr.; demi-reliure chagrin, plats toile, doré sur tranches. . Prix : 20 fr.

## JÉRÔME PATUROT A LA RECHERCHE DE LA MEILLEURE DES RÉPUBLIQUES

Par LOUIS REYBAUD, illustré par TONY JOHANNOT. 1 vol. très-grand in-8°, contenant 160 vignettes dans le texte et 30 types. Prix, broché : 15 fr.; demi-reliure chagrin, plats toile, doré sur tranches. . . . . . . . . . . . . . Prix : 20 fr.

## LE FAUST DE GŒTHE

Traduction revue et complète, précédée d'un Essai sur Gœthe, par HENRI BLAZE ; édition illustrée de 9 vignettes de TONY JOHANNOT et d'un nouveau portrait de Gœthe, gravés sur acier par LANGLOIS, et tirés sur papier de Chine. 1 vol. gr. in-8°. Prix : broché, 8 fr.; demi-reliure chagrin, plats toile, doré sur tranches. Prix : 12 fr.

## THÉATRE COMPLET DE VICTOR HUGO

1 vol. gr. in-8°, orné du portrait de Victor Hugo et de 6 grav. sur acier, d'après les dessins de RAFFET, L. BOULANGER, J. DAVID, etc. Prix, broché : 6 fr. 50. Demi-reliure chagrin, plats toile, doré sur tranches. . . . . . . . Prix : 11 fr.

## CONTES RÉMOIS

Par le comte DE CHEVIGNÉ. 4e édition, illustrée de 34 dessins de MEISSONIER. 1 joli volume format elzévirien (6e *édit.*), caractère du XVIe siècle, avec encadrements, édition tirée sur papier vergé par J. Claye. Prix : 5 fr. Quelques exemplaires ont été tirés sur papier de couleur. Prix : 10 fr. In-8° carré. Prix : 7 fr. 50. Il reste quelques exemplaires du même ouvrage, tirés sur grand raisin vélin, 20 fr.; sur papier de Hollande, gravures tirées à part sur papier de Chine. Prix : 60 fr.

## CONTES BRABANÇONS

Par CHARLES DE COSTER, illustrés par MM. DE GROUX, DE SCHAMPHELEER, DUWÉE, FÉLICIEN ROPS, VAN CAMP et OTTO VON THOREN, grav. par WILLIAM BROWN. 1 beau vol. in-8°. . . . . . . . . . . . . . . . . . . . . . . . Prix : 5 fr.

## LE 101me RÉGIMENT

Par JULES NORIAC. 1 volume grand in-16, illustré de 84 dessins. Prix : 4 fr. 50.
Demi-reliure chagrin, plats toile, doré sur tranches . . . . . . Prix : 6 fr. 50.

### CONTES D'UN VIEIL ENFANT

Par FEUILLET DE CONCHES. 2e édition, imprimée avec le plus grand soin, illustrée de 35 gravures sur bois. 1 vol. grand in-8 jésus, papier de choix, glacé et satiné. Prix : broché, 8 fr. Richement relié, tranche dorée . . . . . . . . Prix : 12 fr.

### SCÈNES DU JEUNE AGE

Par Mme SOPHIE GAY, illustrées de 12 belles gravures exécutées avec le plus grand soin. 1 vol. grand in-8. Prix : 6 fr. Demi-reliure chagrin, plats toile, tranche dorée. . . . . . . . . . . . . . . . . . . . . . . . Prix : 10 fr.

### LES AVENTURES DU CHEVALIER JAUFRE

Par MARY LAFON, splendidement illustrées de 20 gravures sur bois tirées à part et dessinées par GUSTAVE DORÉ. 1 vol. grand in-8 jésus, papier glacé satiné. Prix : 7 fr. 50. Demi-reliure chagrin, plats toile, tranche dorée . . Prix : 12 fr.

### PARIS AU BOIS

Par E. GOURDON, illustré de 16 gravures hors texte, par E. MORIN. 1 magnifique volume gr. in-8. Prix : 10 fr. Demi-reliure chagrin, plats toile, tranche dorée . . Prix : 15 fr.

### LA CHASSE AU LION

Par JULES GÉRARD (*le Tueur de lions*). Ornée de 11 belles gravures et d'un portrait dessinés par GUSTAVE DORÉ. 1 vol. grand in-8 jésus. Prix, broché : 7 fr. 50. Demi-reliure chagrin, plats toile, tranche dorée . . . . . . . . . . . Prix : 12 fr.

### FIERABRAS

Par MARY LAFON. Imprimé avec le plus grand soin, illustré de 12 gravures sur bois tirées hors texte, dessinées par GUSTAVE DORÉ, et gravées par des artistes anglais. 1 volume grand in-8 jésus, papier de choix, glacé et satiné. Prix, broché : 7 fr. 50 c. Demi-reliure chagrin, plats toile, tranche dorée. . . . . . . . . . . Prix : 12 fr.

### LE ROYAUME DES ENFANTS — SCÈNES DE LA VIE DE FAMILLE.

Par Mme MOLINOS-LAFITTE. Illustré de 12 belles gravures par FATH. 1 vol. gr in-8. Prix : 6 fr. Demi-reliure chagrin, plats toile, tranche dorée. . . Prix : 10 fr.

### LA DAME DE BOURBON

Par MARY LAFON. 1 volume grand in-16, illustré de 45 dessins. . Prix : 5 fr.
Demi-reliure chagrin, plats toile, doré sur tranches. . . . . . . . . Prix : 7 fr.

### NADAR JURY AU SALON DE 1857

1,000 COMPTES-RENDUS. 150 DESSINS. Prix : 1 fr.

---

## ŒUVRES NOUVELLES DE GAVARNI

34 MAGNIFIQUES ALBUMS IN-FOLIO LITHOGRAPHIÉS ET IMPRIMÉS AVEC LE PLUS GRAND SOIN
par LEMERCIER

Chaque Album. 4 fr. La collection complète, reliée, demi-chagrin, toile rouge, dorée sur tranches. Prix : 160 fr.

LES PARTAGEUSES. 40 lithographies. . . . . . . . . . . . . . . . . . . . . 16 fr.
LES MARIS ME FONT TOUJOURS RIRE. 30 lithographies. . . . . . . . . . . . . 12
LES LORETTES VIEILLIES. 30 lithographies. . . . . . . . . . . . . . . . . 12
LES INVALIDES DU SENTIMENT. 30 lithographies. . . . . . . . . . . . . . . 12
HISTOIRE DE POLITIQUER. 30 lithographies. . . . . . . . . . . . . . . . . 12
LES PARENTS TERRIBLES. 20 lithographies. . . . . . . . . . . . . . . . . 8
PIANO. 10 lithographies. . . . . . . . . . . . . . . . . . . . . . . . . 4
LES BOHÈMES. 20 lithographies. . . . . . . . . . . . . . . . . . . . . . 8
ÉTUDES D'ANDROGYNES. 10 lithographies. . . . . . . . . . . . . . . . . . 4
LES ANGLAIS CHEZ EUX. 20 lithographies. . . . . . . . . . . . . . . . . . 8
MANIÈRE DE VOIR DES VOYAGEURS. 10 lithographies. . . . . . . . . . . . . . 4
LES PROPOS DE THOMAS VIRELOQUE. 20 lithographies. . . . . . . . . . . . . 8
HISTOIRE D'EN DIRE DEUX. 10 lithographies. . . . . . . . . . . . . . . . 4
LES PETITS MORDENT. 10 lithographies. . . . . . . . . . . . . . . . . . . 4
LE MANTEAU D'ARLEQUIN. 10 lithographies. . . . . . . . . . . . . . . . . 4
LA FOIRE AUX AMOURS. 10 lithographies. . . . . . . . . . . . . . . . . . 4
L'ÉCOLE DES PIERROTS. 10 lithographies. . . . . . . . . . . . . . . . . . 4
CE QUI SE FAIT DANS LES MEILLEURES SOCIÉTÉS. 10 lithographies. . . . . . . 4
MESSIEURS DU FEUILLETON. 9 lithographies. . . . . . . . . . . . . . . . . 4

Outre les séries ci-dessus réunies comme reliure, chaque album broché, de 10 lithographies, se vend séparément 4 fr.

# LES GRANDES USINES

Par TURGAN. *Les grandes Usines* paraissent en livraisons de 16 pages grand in-8, imprimées avec luxe sur beau papier satiné, ornées de belles gravures et de dessins explicatifs, contenant l'histoire et la description d'une des grandes usines de France ainsi que l'explication détaillée de l'industrie qu'elle représente.

Le 1er VOLUME comprend : LES GOBELINS (3 livraisons) — LES MOULINS DE SAINT MAUR (1 livraison) — L'IMPRIMERIE IMPÉRIALE (4 livraisons) — L'USINE DES BOUGIES DE CLICHY (1 livraison) — LA PAPETERIE D'ESSONNE (4 livraisons) — SÈVRES (4 livraisons) — L'ORFÈVRERIE CHRISTOFLE (3 livraisons).

Le 2e volume comprend : LES ÉTABLISSEMENTS DEROSNE ET CAIL (4 livraisons) — LA SAVONNERIE ARNAVON (4 livraisons) — LA MONNAIE (5 livraisons) — MANUFACTURE IMPÉRIALE DES TABACS (3 livraisons) — LITERIE TUCKER (1 livraison) — FABRIQUE DE PIANOS DE MM. PLEYEL, WOLF et Ce (2 livr) — FILATURE DE LAINE DE M. DAVIN (1 livr).

Le 3e volume comprend : LA MANUFACTURE DES GLACES DE SAINT-GOBAIN (3 livraisons) — LES OMNIBUS DE PARIS (1 livraison) — L'USINE ÉLECTRO-MÉTALLURGIQUE D'AUTEUIL (1 livraison) — CHARBONNAGE DES BOUCHES-DU-RHONE (1 livraison) — BOULANGERIE CENTRALE de l'assistance publique de la Seine (2 livraisons) — LA FOUDRE, filature de coton (3 livraisons) — LES PÉPINIÈRES D'ANDRÉ LEROY, à Angers (1 livraison) — L'USINE A GAZ DE LA COMPAGNIE PARISIENNE (2 livraisons) — L'USINE A GAZ PORTATIF DE PARIS (1 livr ) — MANUFACTURE DE MM. THIERRY-MIEG ET Cie, A MULHOUSE, impression sur étoffes (1 livraison) — ACIÉRIES JACKSON ET Cie, usines de Saint-Seurin; appareils Bessemer (1 livraison) — CRISTALLERIE DE BACCARAT (3 livraisons).

Le 4e volume comprend : LES ÉTABLISSEMENTS DE MM. DOLLFUS-MIEG ET Cie (4 livraisons) — MANUFACTURE DE TAPIS ET TAPISSERIES D'AUBUSSON (2 livraisons) — FABRIQUE D'OR, DE PLATINE ET D'ARGENT, en feuilles, en poudre et en coquille, maison Favrel et Cie. (1 livraison) — MANUFACTURE DE PAPIERS PEINTS DE MM. DESFOSSÉS ET KARTH (1 livr.) — PARFUMERIE L.-T. PIVER (1 livraison) — ORGUE EXPRESSIF; MANUFACTURE ALEXANDRE PÈRE ET FILS (1 livraison) — FABRIQUE DE COUTELLERIE DE MM. MERMILLIOD, A CHATELLERAULT (1 livraison) — ÉTABLISSEMENT THERMAL DE VICHY (1 livraison) — HAUTS-FOURNEAUX, FORGES ET ACIÉRIES Petit, Gaudet et Cie, à Vierzon (1 livraison) — MINES ET FONDERIES DE ZINC DE LA VIEILLE-MONTAGNE (2 livraisons) — FAÏENCERIE DE M. SIGNORET, A NEVERS (1 livraison) — TEINTURERIE DE SOIE, GUINON, MARNAS ET BONNET, A LYON (1 livraison) — FABRIQUE DE BOUTONS CÉRAMIQUES DE M. BAPTEROSSES, A BRIARE 1 livraison) — IMPRIMERIE ADMINISTRATIVE DE M. PAUL DUPONT; Paris-Clichy (2 livraisons).

Le 5e volume comprend : FABRIQUE DE SUCRE DE BETTERAVES (2 livraisons) — ÉTABLISSEMENTS MERCIER, à Louviers (2 livraisons) — ÉTABLISSEMENTS CH. FLAVIGNY, à Elbeuf (4 livraisons) — ÉTABLISSEMENTS RAPHAEL RENAULT, à Louviers (3 livraisons) — FABRIQUE D'AMEUBLEMENTS EN BOIS MASSIF DE MM. MAZAROZ-RIBAILLIER ET Cie (1 livr.) — LA TAILLERIE DE DIAMANTS DE M. COSTER, à Amsterdam (2 livraisons) — FABRIQUE DE DENTELLES G. DE VERGNIES ET SŒURS (ancienne maison VANDERKELEN-BRESSON, à Bruxelles (1 livraison) — BRASSERIE PETERS, à Puteaux (1 livraison) — PLATRIÈRES DE VAUX, près Triel (1 livraison) — FABRIQUE DE RUBANS DE MM. GÉRENTET ET COIGNET, à Saint-Étienne (1 livraison) — FABRIQUE D'ARMES DE L'ÉTAT, à Liége (1 livraison) — MANUFACTURE IMPÉRIALE D'ARMES DE GUERRE DE CHATELLERAULT (1 livraison).

Prix de chaque volume broché : 12 francs. Relié avec tranche dorée : 17 francs.

**Prix de chaque livraison : 60 centimes**

Les cinq volumes sont en vente.

---

## ALBUMS COMIQUES DE CHAM

Chaque Album, avec une jolie couverture gravée, contient 60 dessins d'Actualités.

**Prix de chaque Album : 1 franc**

Salmigondis — Macédoine — Salon de 1857 — Nouvelles pochades — Croquis de printemps — Revue du Salon — Olla Podrida — Émotions de chasse — L'Age d'argent — Paris s'amuse — Folies parisiennes — Un peu de tout — Fariboles — Parisiens et Parisiennes — Croquis variés — L'Arithmétique illustrée — Paris l'hiver — Croquis d'automne — Ces bons Parisiens — La Bourse illustrée — Le Bal masqué — Le Calendrier — Encore un Album — Nouveaux habits, nouveaux galons — Le Carnaval à Paris.

# CHANSONS POPULAIRES

## DES PROVINCES DE FRANCE

Notice par CHAMPFLEURY, avec accompagnement de piano par J.-B. WEKERLIN. Illustrations par MM. BIDA, BRAQUEMOND, CATENACCI, COURBET, FAIVRE, FLAMENG, FRANÇAIS, FATH, HANOTEAU, CH. JACQUE, ED. MORIN, M. SAND, STAAL, VILLEVIEILLE.

1 magnifique volume grand in-4, illustré. Prix : 12 fr.

Demi-reliure chagrin, plats toile, doré sur tranches. Prix : 17 fr.

*Les chansons populaires des Provinces de France* sont divisées en 30 livraisons, dont chacune forme un tout complet et contient les chansons d'une province, elles se vendent séparément.

**Prix de chaque livraison : 50 centimes**

1re *liv.* PICARDIE. La Belle est au jardin d'amour — La Ballade de Jésus-Christ — Le Bouquet de ma mie.

2e *liv.* FLANDRE. La Fête de Sainte-Anne — Le Hareng saur — Le Messager d'amour.

3e *liv.* ALSACE. Le Jardin — Le Diablotin — La Chanson du hanneton.

4e *liv.* LANGUEDOC. Romance de Clotilde — Joli Dragon — Dans un jardin couvert de fleurs.

5e *liv.* NORMANDIE. En revenant des noces — Le Moulin — Ronde du pays de Caux.

6e *liv.* BOURGOGNE. J'avais un' ros' nouvelle — Eho! Eho! Eho! — Voici venu le mois des fleurs.

7e *liv.* BERRY. La voilà, la jolie coupe — J'ai demandé-z-à la vieille — Petit soldat de guerre.

8e *liv.* GUYENNE et GASCOGNE. Michaut veillait — La Fille du président — Dès le matin.

9e *liv.* AUVERGNE. Bourrées de Chapdes-Beaufort — Quand Marion s'en va-t-à l'ou — Bourrée d'Ambert.

10e *liv.* SAINTONGE, ANGOUMOIS et PAYS D'AUNIS. La Femme du roulier — La petite Rosette — La Maîtress' du roi céans.

11e *liv.* FRANCHE-COMTÉ. Au bois rossignolet — Les trois princesses — Paysan, donn'-moi ta fille.

12e *liv.* BOURBONNAIS. Mon père a fait bâtir Château — Jolie fille de la garde — Derrièr' chez nous.

13e *liv.* BÉARN. Belle, quelle souffrance — Pauvre brebis — Cantique entonnat par Jeanne d'Albret.

14e *liv.* POITOU. Nous somm's venus vous voir — La v'nu' du mois de mai — C'est aujourd'hui la foire.

15e *liv.* TOURAINE, MAINE et PERCHE. La verdi, la verdon — La Violette — Su' l'pont du nord.

16e *liv.* NIVERNAIS. Lorsque j'étais petite — Quand j'étais vers chez mon père — J'étions trois capitaines.

17e *liv.* LIMOUSIN et MARCHE. Pourquoi me faire ainsi la mine? — Les scieurs de long — Quoiqu'en Auvergne.

18e *liv.* ANJOU. Nous sommes trois souverains princes — La chanson du Rémouleur — N'y a rien d'aussi charmant.

19e *liv.* DAUPHINÉ. J'entends chanter ma mie — La Pernette — La Fille du général de France.

20e *liv.* BRETAGNE. A Nant's, à Nant's est arrivé — Rossignolet des bois — Ronde des filles de Quimperlé.

21e *liv.* LORRAINE. J'y ai planté rosier — Mon père m'envoie-t-à l'herbe — Le Rosier d'argent.

22e *liv.* LYONNAIS. Belle, allons nous épromener — Nous étions dix filles dans un pré — Pingo les noix.

23e *liv.* ORLÉANAIS. Les Filles de Cernois. — Le Piocheur de terre — Les Cloches.

24e *liv.* PROVENCE et COMTAT D'AVIGNON. Sur la montagne, ma mère — Sirvente contre Guy — Bonhomme, bonhomme.

25e *liv.* ILE-DE-FRANCE. Germine — Chanson de l'aveine — Si le roi m'avait donné.

26e *liv.* ROUSSILLON. J'ai tant pleuré — Le changement de garnison — En revenant de Saint-Alban.

27e *liv.* CHAMPAGNE. Cécilia — Sur le bord de l'île — C'est le jour du gigotiau.

28e et 29e *liv.* PRÉFACE.

30e *liv.* TITRE, FRONTISPICE, TABLE et COUVERTURE.

Imp. L. TOINON et Cie, à Saint-Germain.

*SOUS PRESSE*

DU MÊME AUTEUR

# THÉATRE COMPLET

TROIS BEAUX VOLUMES

*EN VENTE*

## PIÈCES SÉPARÉES

FORMAT GRAND IN-18

| | | |
|---|---|---|
| L'AVENTURIÈRE, comédie en 4 actes, en vers. . . . . . . . . . | 2 f. | » c. |
| UN BEAU MARIAGE, comédie en 5 actes, en prose. . . . . | 2 | » |
| CEINTURE DORÉE, comédie en 3 actes, en prose. . . . . . . . | 1 | 50 |
| LA CHASSE AU ROMAN, comédie en 3 actes, en prose. . . . . | 1 | 50 |
| LA CIGUË, comédie en 2 actes, en vers. . . . . . . . . . . | 1 | 50 |
| DIANE, drame en 5 actes, en vers . . . . . . . . . . . . . | 2 | » |
| LES EFFRONTÉS, comédie en 5 actes, en prose. . . . . . . . | 2 | » |
| LE FILS DE GIBOYER, comédie en 5 actes, en prose. . . . . | 2 | » |
| GABRIELLE, comédie en 5 actes, en vers. . . . . . . . . . | 2 | » |
| LE GENDRE DE M. POIRIER, comédie en 4 actes, en prose. . . | 2 | » |
| L'HABIT VERT, proverbe en 1 acte, en prose. . . . . . . . | 1 | » |
| L'HOMME DE BIEN, comédie en 3 actes, en vers. . . . . . . . | 1 | 50 |
| LA JEUNESSE, comédie en 5 actes, en vers. . . . . . . . . . | 2 | » |
| LES LIONNES PAUVRES, comédie en 5 actes, en prose. . . . | 2 | » |
| MAITRE GUÉRIN, comédie en 5 actes, en prose. . . . . . . . | 2 | » |
| LE MARIAGE D'OLYMPE, comédie en 3 actes, en prose. . . . . | 1 | 50 |
| LES MÉPRISES DE L'AMOUR, comédie en 5 actes, en vers. . . . | 1 | 50 |
| PHILIBERTE, comédie en 3 actes, en vers. . . . . . . . . . | 1 | 50 |
| LA PIERRE DE TOUCHE, comédie en 5 actes, en prose. . . . . | 2 | » |
| SAPHO, opéra en 3 actes. . . . . . . . . . . . . . . . . . | 1 | » |

## POÉSIES COMPLÈTES

1 vol. grand in-18 : 1 fr.

PARIS. — J. CLAYE, IMPRIMEUR, RUE SAINT-BENOÎT, 7.

www.ingramcontent.com/pod-product-compliance
Ingram Content Group UK Ltd.
Pitfield, Milton Keynes, MK11 3LW, UK
UKHW022104260726
13993UKWH00001B/319

9 782329 235882